JING JING XIAOYUAN
JINGPIN DUWU
CONGSHU

观界之最

本书编写组◎编

SHIJIE ZHIZUI DAGUAN

人生有涯而学海无涯。
学子以有限的人生通晓万
物是根本不可能的，但校
园之中采英撷要，广见识，
记精要，不失为精明学子
为学之道。

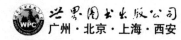

世界图书出版公司
广州·北京·上海·西安

图书在版编目（CIP）数据

世界之最大观/《菁菁校园精品读物丛书》编委会编．—广州：
广东世界图书出版公司，2009．5（2024．2 重印）
（菁菁校园精品读物丛书）
ISBN 978－7－5100－0625－8

Ⅰ．世… Ⅱ．菁… Ⅲ．科学知识—青少年读物 Ⅳ．Z228．2

中国版本图书馆 CIP 数据核字（2009）第 072300 号

书　　名	世界之最大观	
	SHIJIE ZHI ZUIDAGUAN	
编　　者	《菁菁校园精品读物丛书》编委会	
责任编辑	刘国栋	
装帧设计	三棵树设计工作组	
出版发行	世界图书出版有限公司 世界图书出版广东有限公司	
地　　址	广州市海珠区新港西路大江冲 25 号	
邮　　编	510300	
电　　话	020-84452179	
网　　址	http://www.gdst.com.cn	
邮　　箱	wpc_gdst@163.com	
经　　销	新华书店	
印　　刷	唐山富达印务有限公司	
开　　本	787mm×1092mm　1/16	
印　　张	10	
字　　数	120 千字	
版　　次	2009 年 5 月第 1 版　2024 年 2 月第 12 次印刷	
国际书号	ISBN　978-7-5100-0625-8	
定　　价	48.00 元	

前　言

　　有人说：读书"足以怡情，足以博彩，足以长才"，使人开茅塞、除鄙见、得新知、养性灵——因为书中有着广阔的世界，书中有着永世不朽的精神，虽然沧海桑田，物换星移，但书籍永远是新的。所以，热爱读书吧！像饥饿的人扑到面包上那样，热爱读书，阅读撼人心弦的高贵作品，亲炙伟大性灵的教化，吸收超越生老病死的智慧精华，把目光投向更广阔的时空，让心灵沟通过去和未来、已知和未知。

　　世纪老人冰心说过："读书好，好读书，读好书。"这是一句至理名言。读一本好书，可以使人心灵充实，使人明辨是非，使人有爱心和文明行为、礼仪规范；而读一本坏书，则使人心胸狭窄、不知羞耻、自私残暴。

　　为什么而读书呢？一是为读书而读书，没有明显的目的；二是为了考上一所好大学；三是为了古人所说的"修身养性"；四是为了中华民族的伟大复兴。在这四种人中，第一种人是最可怜的，因其无理想、无奋斗目标，"不是我想读书，是父母硬要我来读书的"。没有理想的人就如无源之水、无本之木，其生命之泉将提前枯竭，留在世上的只是一堆行尸走肉罢了。在青少年时代就没有人生理想，这是最可怕的。我们要坚信，明天的失败都是由于今天不努力。第二种人目标明确，父母花了大价钱将其送进中学，就是为了考个好大学，将来混个好前程，这种人个人的算盘打得好，挺"现实"的——古人所说的"书中自有黄金屋，书中自有颜如玉"，应该是这类人的追求目标。第三种人读书，是为了"修身养性"。我国儒家曾把人生奋斗的目标定为三个层面七个字——"修身、齐家、平天下"。所谓"修身"，就是陶冶个人情操、培养个人品质，做社会的一个优秀分子；所谓"齐家"，就是说管理好家庭（甚至家族）；所谓"平天下"，就是说你若能"修好身、齐好家"，那么就把你的才华用来治理社会，为社会做贡献。"修身"是儒家人为自己定的最基本的人生标准。这种境界也是相当不错的。第四种人读书，乃为立志成

为社会的栋梁之材。事实证明,读书决定一个人的修养和境界,关系一个民族的素质和力量,影响一个国家的前途和命运。一个不读书的人、不读书的民族,是没有希望的。

约一个世纪以前,有一位单瘦的学生在回答老师为什么而读书的时候,充满自信地说出"为中华之崛起而读书"的誓言,并用毕生心智去实现他的诺言,赢得了全中国乃至世界人民的敬重——他,就是我们敬爱的周恩来总理。

亲爱的同学,若你热爱生命的话,那就认真读书吧!书籍是全人类智慧的结晶、是人类进步的阶梯,书籍可以帮助你跟上时代的步伐。"半亩方塘一鉴开,天光云影共徘徊。问渠那得清如许,为有源头活水来。"通过读书,可以让你掌握知识、增强本领、敢于创新,可以给你智慧、勇敢和温暖,可以使你成为知识的富翁和精神的巨人,成为我们伟大祖国 21 世纪的高素质的建设者。

目　录

3

1. 短距离跑速最快的动物

　　猎豹是陆地上短距离跑得最快的猫科动物。据测定：猎豹 10 秒钟可以跑 300 米，奔跑时瞬间的最高速度可以达到每小时 100 多千米，比一般的小排量摩托车的速度还要快。目前，还没有其他动物能超过它。

 ## 2. 长距离跑速最快的动物

　　叉角羚是动物中的长跑速度冠军。这种动物是介于鹿类与羊类之间的一个种类，长着鹿那样长长的分叉角。奔跑时速最高可达到 100 千米，但不可长时间保持这个速度。叉角羚在 6.4 千米内的时速不定期可以达到 56 千米，这一点是其他动物无法相比的，因而它们是名副其实的长跑速度冠军。

3. 世界上最大的虎中之王

　　老虎和狮子分别为东西方的"百兽之王"，而东北虎则是老虎中的王中之王。它们的身高通常在 1 米以上，身体可达 3 米长，尾巴长约 1 米，体重可达 350 多千克。东北虎体形大，圆圆的脑袋、短短的耳朵，四肢粗壮有力，毛色鲜明美丽，有着窄窄的黑纹。东北虎面颊是白色的，所以也叫白额虎，是国家一级保护动物。正常情况下东北虎是不会伤害人和牲畜的。

4. 与人类行为和亲缘关系最近的动物

　　黑猩猩是和人类亲缘关系最近的动物，它们和人类有共同的祖先，有近 99% 的基因和人类是完全相同的。黑猩猩动作敏捷，善于爬树和行走，一般可以活 35～40 年。黑猩猩性情温顺，喜欢群居。它们聪明伶俐，生性好奇，常常喜欢模仿人或其他动物的动作，做出滑稽的样子。它们会使用简单工具，

还能对原材料进行简单加工。在人的训练下，黑猩猩可以学会一些符号语言和手势，还可以表演比较复杂的技艺。

5. 最小巧可爱的鹿

鼷鹿是世界上最小的鹿科动物。它的身高只有20厘米左右，身长不到50厘米，体重2千克左右，跟兔子差不多大小，小鼷鹿还要小得多。它们活泼可爱，是非常受人们喜爱的观赏动物。

6. 世界上最小的"美猴王"

世界上最小的猴子叫松鼠猴，又叫侏狨。成年的侏狨，还没有松鼠大，长得像松鼠一样活泼可爱，被人们称作"美猴王"。侏狨生活在河岸周围的树林及附近地带，食物以果实为主，也吃昆虫。小"美猴王"很容易亲近，是人类喜爱的动物。

7. 最不勤劳的动物

树懒是一种懒得出奇的哺乳动物，生活在南美洲。它们长着圆而小的脑袋，耳朵很小，尾巴极短，由于树懒不爱动弹，身上灰褐色的皮毛长了好多绿苔，很像树皮。树懒的食物是树叶和果子，由于树叶水分多，环境又湿润，树懒也用不着下地喝水。因此，它们一年四季都不愿意下树。树懒吃饱了就用钩子似的爪子挂在树枝或树藤上睡觉，平均每天睡十七八个小时。

8. 眼睛最大的"美猴王"

神话中的"美猴王"有着一对"火眼金睛"，在现实中也有一种眼睛奇大的猴子，它们就是眼镜猴。眼镜猴有一对圆圆的大眼睛，周围长着一圈黑斑，像是戴了一副宽边眼镜，它们的眼睛又大又重，每一只重达 3 克，比它的脑子还重。眼镜猴的眼睛不能转动，但脖子很灵活，脑袋几乎可以转 360 度。

9. 迄今幸存的最古老的哺乳动物

鸭嘴兽是迄今地球上最古老、原始的哺乳动物。早在 1 亿 8 千万年前的侏罗纪时期，鸭嘴兽的祖先就已出现了，并且分布很广。鸭嘴兽是游泳冠军，能捕食昆虫和生活在小溪与河底的小动物。鸭嘴兽虽属于哺乳动物，但却和爬行动物一样是靠下蛋来繁殖后代的，是介于爬行动物与哺乳类之间的过渡型哺乳动物。

10. 睡眠时间最长的老鼠

在所有的冬眠动物中，土拨鼠是最能睡的，所以被称为睡鼠。土拨鼠在每年 10 月入睡之前，会吃得很胖以储备能量。睡鼠冬眠时会蜷成一团，体温降到 1℃，身体变得僵硬，就像一块冰冷的石头，而且一睡就是 6 个多月。

11. "皮囊"最大的动物

袋鼠终生都在生长，雄袋鼠最高可以长到 2 米多高，尾巴长 1 米多长。雌袋鼠腹部有一个大口袋。小袋鼠出生后，雌袋鼠把自己腹部的毛舔湿，小袋鼠靠自己的力量顺着湿迹爬进妈妈的袋囊中，然后叼着奶头大口地吮吸着妈妈的乳汁。

12. 体型最大的两栖动物

大鲵又叫娃娃鱼，它们叫起来就像婴儿在哭。因此，在我国人民习惯叫它们"娃娃鱼"，是我国非常珍贵稀有的资源。大鲵是世界上最大的两栖动

物，比其他的两栖类动物如蛙类、蟾类都大得多，我国已经发现的大鲵中，最长的差不多有 2 米长。大鲵的头又宽又扁，头顶上有两粒绿豆似的小眼睛，嘴巴宽大，里面密密地排着锋利的小牙。

13. 最容易变色的动物

避役是一种变色动物，当外界环境（如光线、温度）发生改变或受到惊吓时，它就会变成黄色、绿色、米色或深棕色。避役身上带有浅色或深色斑点。因为它的身体里有多种色素细胞，而这些细胞则由神经系统控制，当神经系统受到刺激时，避役身体细胞内的色素就会扩散或集中，这时，它的皮肤就会呈现出不同的颜色。

14. 世界上体型最大的爬行动物

咸水鳄生长在澳洲北部，外形像蜥蜴，雄性咸水鳄最长可达 10.6 米，头部非常大，有个很长的喙，长尾巴，身上长着鳞片，是世界上最富攻击性、最危险的鳄鱼种类。

15. 世界上体型最小的爬行动物

雅拉瓜壁虎是世界上最小的爬行动物。这种动物体型非常小巧，从它的鼻尖到尾梢，体长只有 1.5 厘米，甚至可以蜷曲在一个笔帽里。

雅拉瓜壁虎捕食小蚂蚁、蜘蛛和土壤中的一些小虫，属于加勒比海壁虎中的一种。

16. 皮毛保暖性最好的动物

北极熊可以在零下几十摄氏度、寒风刺骨的环境中活动自如，因为它们天生长着世界上保暖性能最好的皮毛。

也就因为它们拥有极为珍贵的皮毛，才遭到了不法分子的疯狂猎杀，使它们的生存受到威胁，数量越来越少。现在看来，保护北极熊已经刻不容缓。

 ## 17. 生命力最强的动物

蚯蚓是褐色的皮肤，细长、圆柱形的身体由许多环节构成，头部和尾部稍尖，除前两节外，其余环节上都长有刚毛。蚯蚓最为神奇的本领是，它可以被随意斩断，并且每一节基本都可以独自生存并且会再生成一条完整的蚯蚓，更为神奇的是它还可以把不同个体的蚯蚓断肢连接起来并且愈合，组成新的生命。

 ## 18. 体型最长的昆虫

竹节虫有上千种，大部分都生活在东亚的热带森林里，最长的超过 30 厘米，是世界上最长的昆虫。竹节虫体色多为绿色和褐色，看上去像树枝，也有的像树叶，伪装得非常好所以不容易遭受敌害。

 ## 19. 生命最短的昆虫

蜉蝣生存期非常短，交尾产卵后即死。于是，我国古代记载其有"朝生暮死"之说。绝大多数蜉蝣只能活几个小时，寿命最长的也不超过一星期。这比我们常见的知了能活一个夏天的寿命要短得多。

 ## 20. 昆虫界的跳高冠军

沫蝉长得并不起眼，平均长度只有 6 毫米，但它却能跳 700 毫米高，是自身身高的 100 多倍，相当于人类跳到 210 米那么高。沫蝉之所以能跳这么高，是因为沫蝉起跳的速度为 3.1 米/秒，加速时，可达惊人的 4 000 米/秒。

因此，沫蝉当之无愧是昆虫界的跳高冠军。

21. 昆虫中的"建房高手"

众所周知，蜜蜂是一种非常勤劳的昆虫，同样，它们也是一种非常有智慧的昆虫，它们建造的蜂房可以说是世界上最精巧的巢穴。这些蜂房由一些正六边形的巢房组成，每个巢房的厚薄都一样，底部则由 3 个全等菱形组成，整个蜂房由六边形严密嵌接而成，牢固无比。蜂房分为储存食物的和孵化、抚育幼蜂的，高度随着用途的不同而变化。建好的蜂房只有 40 克重，却可以容纳 2 000 只蜜蜂。

22. 昆虫中家族数量的冠军

蚜虫有卵生，也有孤雌胎生，也就是说，雌蚜虫不经过交配就能生出小蚜虫来。一只棉蚜虫一年能繁殖 20～30 代。经计算，在 5 个月内，如果一只孤雌胎生的棉蚜虫所生的后代都存活的话，它的子孙可以平铺整个地球。蚜虫吸食植物的汁液，是农业害虫。

23. 世界上最小的蜘蛛

世界上最小的蜘蛛是展蜘蛛，人们曾经在西萨摩尔群岛捕捉到一只成年的雄性展蜘蛛，它的体长只有 0.43 毫米，也就是针孔那样的大小。

24. 蝴蝶中的"巨人"

凤蝶是世界上最大、最美丽的蝴蝶。凤蝶的翅膀五彩缤纷，形成美丽的斑纹，发出金属般的光彩。其中最大的是南美凤蝶，体长 90 毫米，翅展 270 毫米，相当于一只中等体型鸟类的翅展。我国发现的最大的凤蝶翅展长 150 毫米。

25. 蝴蝶中的"侏儒"

小灰蝶是世界上最小的蝴蝶，它的翅展仅有 16 毫米。1983 年 6 月，昆虫学家马恩沛在云南西双版纳的原始森林发现了这种小灰蝶，翅展长度仅为 13 毫米，创造了世界最小的纪录。小灰蝶雄雌体色不同，雌蝶通常呈暗色，雄蝶很鲜艳，通常具有翠、蓝、青、橙、红、古铜等颜色的光彩。

26. 世界上最大的动物

蓝鲸是目前已知世界上最大的动物，就连恐龙都没有它们大。蓝鲸虽然是庞然大物，但性情温顺，分布广泛，从北极到南极的海洋中都有。蓝鲸的体重是非洲大象的 30 倍左右；舌头有 3 米多厚，上面可以站 50 个人；心脏有一辆小汽车那么大。蓝鲸在海面上出现时像座小山，呼吸时喷出的水柱，就像是海上的喷泉，是人们发现蓝鲸最好的信号。蓝鲸的胃口极大，成年蓝鲸一口能吞进几十吨的海水，一天要吃掉约 4~6 吨的磷虾。

27. 最"懒"的海底动物

海绵动物又叫多孔动物，是最低等的多细胞动物。它们身体柔软，组织肌体松散像是一块海绵。大多生活在海洋中，附着在沿海的礁石、珊瑚或其他坚硬物体上，有的生活在几千米深的海底，只有少数生活在淡水里。海绵动物常年静卧在海底，几乎从不移动，所以曾一度被人们当做植物。许多小动物喜欢寄生在海绵动物体内，还常被螃蟹顶在背上当作防备。

28. 个头最大的软体动物

目前，最大的枪乌贼有 17 米长，触手须 13 米长，是最长的软体动物。

枪乌贼游泳能力很强，游泳速度可达每小时 50 千米，遇到攻击时可以达到每小时 150 千米。

29. 动物中的"寿星"

海龟是至今人们发现的世界上寿命最长的动物。现发现的最年长的海龟有 300 多岁。海龟长得又大又笨，小小的脑袋，短短的脚，腹部和背部有坚硬的龟壳保护，每当遇到敌人，它就把头和脚缩进壳里，这样一般的动物就拿它无可奈何了。海龟的年龄可以用龟壳上同心环纹的多少来计算，一圈代表 1 岁。

30. 最毒的蛙

在中南美的丛林里，生活着多种毒剑蛙。它们的体型很小，一般都不超过 5 厘米，但色彩非常鲜艳，似乎向人炫耀自己的美丽，也像是在对来犯的敌人示警。

它的分泌物毒性非常强，是目前世界上所知道的最厉害的毒，仅 1 克的十万分之一便足够使一个人中毒死亡，因此它成为世界上最毒的动物之一。

31. 最毒的蜘蛛

蜘蛛是昆虫的天敌，因为蜘蛛通过织网捕昆虫来获取食物。不过蜘蛛中也有伤害人类与牲畜的毒蜘蛛。世界上最毒的蜘蛛是球腹蛛科的红斑蛛，也称"黑寡妇"，及狼蛛科中的穴居狼蛛。它们广泛地分布在俄罗斯南部、欧洲东南部与中亚细亚、美洲及我国的海南岛、新疆等地。

32. 马群中的"小个子"

常见的马，一般体高都在 145 厘米以上。世界著名的小种马歇特兰马最大体高是 116.8 厘米，大多数都在 100 厘米左右。它生长在歇特兰群岛。该群岛位于苏格兰北部约 160 千米，距北极圈 536 千米的大洋中。岛上气候寒冷，植被稀少。在这种环境下自然养育了当地特有的耐寒而强壮的歇特兰小马。在 18 世纪后期，这种小马随着英格兰移民传入美国，被专门驯养供儿童乘骑，并得以维持了相当纯的血统。

33. 最大的蜗牛

蜗牛种类很多，分布广，几乎全世界都有它们的足迹，越是生活在热带它们的个头就越大，如生活在非洲东部的大蜗牛，壳高 15.4 厘米，直径 8 厘米，堪称世界上最大的蜗牛。

34. 最毒的鱼

世界上最毒的鱼是纹腹叉鲀。这种鱼分布在红海和印度洋、太平洋海域，它的卵巢、肝、肠、皮肤、骨甚至血液中都含有一种神经毒素——鲀毒素。研究人员发现：鲀毒素的毒性与生殖腺活性密切相关，在繁殖季节前达到最高值。如果人在这个季节中不慎吃了这种鱼，2 小时内便可死亡。该鱼肉质鲜美，不过为了安全起见，还是不要吃它为好。

35. 最大的食肉动物

过去大部人都以为北极熊是世界上最大的食肉动物，北极熊最大身长 2.70 米，肩高 1.30 米，体重 750 千克。后来发现了阿拉斯加的棕熊，身长达 3.25 米，肩高 1.50 米以上，体重达 800 千克，远远超过了北极熊。所以阿拉斯加的棕熊是动物学家们公认的现今最大的食肉动物。

36. 昆虫里的"火箭"手

飞得最快的昆虫是澳大利亚蜻蜓，它比任何一种昆虫，包括鹿马蝇、天蛾、马蝇和几种热带蝴蝶在内持续飞行的最高速度都要快得多。澳大利亚蜻蜓每小时可飞行 39 千米。它短距离的冲刺速度可达每小时 58 千米。

37. 鱼类中的"小朋友"

菲律宾的河流和湖泊中有一种非常小的鱼，成年鱼身长不过 0.7 ~ 0.8 毫米，重量才 4 ~ 5 毫克，这就是虎鱼。它是鱼中的侏儒。它的身体几乎是无色透明的，五脏六腑能看得一清二楚。尽管这种鱼很小，但是繁殖力却很强，当地居民把它作为重要食物，也作为观赏鱼来饲养。

38. 最小的熊

马来熊是世界上的最小的熊，成年熊身长也只有 1.12 ~ 1.2 米，体重为 40 ~ 50 千克。新生的熊身长 19 厘米，体重 300 多克。

马来熊产于我国云南省、印度尼西亚、越南、缅甸、马来西亚和泰国等地。马来熊非常灵活，善于爬树，以果实、椰子树苗和虫类为主食，有时也吃其他小动物或昆虫，是一种杂食性动物。

39. 最小的象

在非洲刚果森林，有一种最小的象，当地人叫它为"蛙犬"，又叫"小姐象"。它像河马一样生活在水里，其身材非常矮小，身高不过 1.5 米，皮肤细润，性格温顺，犹如一个文静的小姑娘，是迄今为止最小的象。

40. 世界上养兔最早的国家

迄今，人们公认的最早的兔子是卢氏兔，标本发现在我国河南卢氏，距今已有 4 000 万年。我国不仅是最早最原始兔类的产地，也是兔类化石最丰富的国家，几乎各个地质时期均有代表。汉朝梁孝王曾筑"兔园"专门用来养兔，由此推断早在两千年前我国已有规模地进行兔子的养殖了。

41. 世界上养兔最多的国家

我国兔毛出口量占国际贸易量的 90% 以上，兔肉出口量占国际贸易量的 60% 左右，我国是名副其实的兔子产销大国。

42. 世界上现存最古老的家兔品种

世界上现存最古老的家兔品种是中国白兔，迄今已有 1 000 多年的历史。该品种主要用于肉食。这种兔具有适应性强、耐寒抗病、繁殖力强等优点，是良好的育种品种，日本大耳白兔等品种就是用我国白兔精选养育而成的。

43. 世界上捉老鼠最多的猫

世界上捉老鼠最多的猫是英国一位粮仓管理员喂养的"朱基"。"朱基"一生共捉老鼠 22 000 多只。"朱基"在这个世上生存了 23 年。

44. 最富有的猫

遗产一般被自己的子女及后人所继承，不过，1978 年 1 月，美国人格雷

斯临终前，把价值 25 万美元的全部遗产都留给了他自己饲养的一只猫。这只最富有的猫名叫"查理·陈"，它是一只白色庭院猫。

🍁 45. 海洋中的"小博士"

动物中最聪明的要属海豚了。它比黑猩猩还要聪明许多。黑猩猩要上百次训练才能学会的本领，海豚二十几次就能学会。海豚的大脑占身体重量的百分比仅次于人，并且脑子上有很多较深的回沟。海豚非常容易学会各种高难度的杂技动作，是著名的"杂技演员"。

🍁 46. 世界上最大的鱼类

鲸鲨是世界上最大的鱼，又称大憨鲨，人们可以在热带海洋的不同区域见到它们的行踪。鲸鲨体长可达 20 米，比一般的船还要长。有的鲸鲨重达 15 吨。鲸鲨的皮有 20 厘米厚，产的卵有西瓜那么大。鲸鲨的感觉器官灵敏，视力特别好，寿命也很长，通常性情温和，不攻击人类，以小鱼、虾及浮游生物为生。

🍁 47. 鱼类中的游泳冠军

鱼类中游得最快的是旗鱼。旗鱼体长通常都在 3 米左右，表皮青褐色，上面有灰白色的圆斑，体重大概 60 多千克。短距离时速可达 110 千米，3 秒可游过 90 多米。旗鱼又扁又长的体形是其游得快的主要原因。

🍁 48. 鱼中的产卵冠军

鱼类中最能产卵的是翻车鱼，也叫太阳鱼。翻车鱼个头很大，最大的长 5 米，体重一般在 3 500 千克左右，同时也是海洋中最重的硬骨鱼。翻车鱼较为笨拙，因而常常被海洋中其他鱼类、海兽吃掉。它没有灭绝的原因是它具有的强大的生育能力。翻车鱼一次可产卵 3 亿个，而一般鱼类一次产卵是几百万个。如果，翻车鱼的卵全部都能成活的话，那海洋可能就是翻车鱼的领域了。可是翻车鱼卵是浮性卵，容易被别的鱼类吞食，所以成活率很小。

49. 海洋中的潜水冠军

抹香鲸又叫真甲鲸，抹香鲸潜入水下可长达 1 个小时之久，最大潜水深度达 2 200 米，而且在浅海、深海之间来去自如。性凶猛，游泳迅速。

50. 鱼类中的超级"高压线"

电鳗的身体一般在 2 米左右，体表光滑无鳞，背部呈黑色，腹部呈橙黄色，没有背鳍和腹鳍，臀鳍很发达，是电鳗游动的动力。电鳗自身带电，放电时的电压可达 800 伏，足以将一些大型动物电昏甚至电死，这是它们捕食和自我防护的最佳"武器"。

51. 动物中的"毒霸王"

海蛇是毒性最强的动物，它们和陆地上的眼镜蛇有着密切的亲缘关系。但毒性却比眼镜蛇的毒性强得多，是氰化钠毒性的 80 倍，是最强的动物毒。

海蛇只有在受到侵犯时才伤人。人被咬伤时没有疼痛感，不过心脏和肾脏已经受到严重损伤，毒性发作前有一段潜伏期，中毒后人会感觉肌肉无力、酸痛，眼皮下垂，下巴僵硬，有点像破伤风的症状，会在几小时至几天内死亡。

52. 体形最小的鸟

蜂鸟是世界上体形最小的鸟。最小的比蜜蜂还要小，它们下的蛋只有豆粒般大小。蜂鸟翅膀的振动速度很快，产生出"嗡嗡"的鸣音，听起来很像黄蜂，因此得名蜂鸟。蜂鸟也是唯一会倒着飞的鸟。

53. 最大的鸟

鸵鸟是世界上最大的鸟，有 2 米多高，体重达 100 多千克。鸵鸟蛋重达 2 千克。鸵鸟长着小脑袋、长脖子，虽是最大的鸟类，但却不会飞。因为它实在太胖太重了，它的翅膀与高大肥重的身体相比实在小得可怜，所以飞不起来。但是鸵鸟跑得却很快，可以逃避敌害。

54. 最能飞的鸟

北极燕鸥在北极区域繁殖，冬天到南极去过冬，这就是说它们会绕了地球半周在南北极间来回迁徙，是所有鸟类中迁徙路线最长的。当北半球是夏季的时候，北极燕鸥在北极圈内繁衍后代；当冬季来临时，燕鸥便开始长途迁徙。向南越过赤道，绕地球半周，来到南极洲，享受南半球的夏季；等到南半球的冬季来临时，它们又再次北飞，回到北极。

55. 翅膀最多的鸟

世界上翅膀最多的鸟是四翼鸟，拥有两对翅膀。四翼鸟左右两翅上各长着一根约 40 多厘米长的羽翼，飞起来，好像两面旗子，高竖在身体上面，随风摆动，非常美丽。四翼鸟的头圆圆的，尾巴细细的，前面两个翅膀长，后面两个翅膀短。

56. 鸟类中的"大嘴巴"

巨嘴鸟体长只有 60 厘米，而它的嘴长就有 24 厘米，嘴的宽度竟达到 9 厘米，是世界上嘴巴最大的鸟。

巨嘴鸟的嘴虽大，但却不重，其重量不到 30 克。因为它的嘴外面是一层薄而硬的壳，中间贯穿着极为纤细、多孔隙的海绵状的骨质组织，里面充满了空气，因此对巨嘴鸟来说没有太大负担，不影响飞行。

57. 面积最大的洋

太平洋东西宽约 19 000 多千米，南北长约 16 000 多千米，面积约 1.8 亿平方千米，占全球面积的 35%，是整个世界海洋总面积的 50%，超过了世界陆地面积的总和，是世界上最大的洋。

58. 面积最小的洋

北冰洋是世界上最小的洋，面积约 1 500 万平方千米，平均深度约 1 200 米，因为北冰洋面积较小，所以又叫北极海。北冰洋 2/3 的海面被冰雪覆盖，由于洋流的运动，北冰洋表面的冰雪总在不停地漂移。受全球气候变暖的影响，北冰洋的冰雪覆盖面积已在慢慢减少。

59. 最大的海

位于南太平洋的珊瑚海是世界上最大的边缘海，面积约 480 万平方千米，平均水深 2 394 米。珊瑚海地处热带，水温终年在 18～28℃之间。这里风速小，海面平静，水质洁净，海中生存着丰富的浮游生物和海藻，海水的含盐度和透明度也很高。这些条件使珊瑚虫大量地繁殖生长，逐渐发育成众多形态各异的珊瑚礁，珊瑚海因此得名。

60. 最小的海

马尔马拉海是世界上最小的海，位于土耳其西部，呈椭圆形，面积约 1

万平方千米。人们在海中航行时，可以清楚地看到它的两岸。马尔马拉海海岸陡峭，海水平均深度约 183 米，原先海底的一些山峰露出水面变成了岛屿，是船只航行时的一大障碍。

61. 最浅的海

亚速海是世界上最浅的海，位于俄罗斯西南部地区，平均深度只有 8 米，还没有水库深。亚速海形状像不规则的三角形，面积只有 3.8 万平方千米。是俄罗斯通向黑海、地中海的必经之路，也是俄罗斯内河与海上航运的重要通道。

62. 最深的海

白令海是世界上最深的海，最深处为 4 191 米。它位于白俄罗斯堪察加半岛同美国阿拉斯加之间，北以白令海峡同北冰洋楚科奇海相通，面积 230.4 万平方千米。由于海深，这里渔产丰富，其中鲸鱼、海豹最多。

63. 最咸的海

红海为世界最咸的海，盐度高达 43‰。它位于阿拉伯半岛和非洲东北部之间，面积 43.8 万平方千米，其运河附近盐度高达 44.2‰。

64. 最脏的海

地中海是世界最大的内海，也是世界最脏的海。每年排入地中海的废水达 35 亿立方米，固体垃圾 1.3 亿吨。最为严重的是邻海 18 个国家的 58 个石油港口装卸石油时给海水带来了严重石油污染。

65. "桑拿"海

红海是世界上温度最高的海,表面温度在 8 月份达到 32℃,200 米以下达到 21℃左右。更使人惊讶的是在深海盆区,水温可达 60℃。红海位于副热带高气压带,又受到阿拉伯半岛和北非的热带沙漠干热风的影响,常年闷热,所以导致了红海温度如此之高。

66. 最淡的海

波罗的海是世界上含盐度最低的淡水海。波罗的海的海水含盐度只有 7‰ ~ 8‰,大大低于全世界海水的平均含盐度 35‰。各个海湾的含盐度更低,只有 2‰左右,几乎尝不到咸味。

67. 年龄最大的海

地中海是世界上最古老的海,位于欧洲、亚洲、非洲之间,同时也是世界上最大的陆间海。地中海自古就是各洲重要通道,埃及、希腊、古罗马的文明就是从地中海传到世界各地的。现在地中海是大西洋的附属海,但在地质史上,它比大西洋还要老。大约在 6 500 万年以前,地中海是辽阔的特提斯海,范围很大,仅次于现在的太平洋,而那时大西洋还没有形成。

68. 岛屿最多的海

爱琴海的海岸都是由岩石构成的,海岸线曲折,海上散布着数以千计的大小岛屿,如米科诺斯岛、帕罗斯岛、桑托林尼岛和 145 个小岛组成的基克拉泽斯群岛等,是世界上岛屿最多的海。

69. 最深的海沟

马里亚纳海沟是世界最深的海沟。距今已有 6 千万年的历史，深达 11 034 米。如果把"世界屋脊"珠穆朗玛峰放到这里，还差 2 000 多米才能露出水面。马里亚纳海沟的最深处叫查林杰海渊，目前为止，还没有人看到过这里的海底是什么样子，也许只有古怪的海底生物知道那个世界的样子了。马里亚纳海沟还是现代最不稳定的地带之一，火山、地震活动频繁。

70. 最大的海湾

孟加拉湾是世界上最大的海湾。它属于印度洋，北岸是孟加拉国。恒河和布拉马普特拉河从北部注入孟加拉湾，在湾顶形成了宽广的河口和巨型三角洲，催生了这个最大的海湾。孟加拉湾还是热带风暴孕育的地方，一般认为，这种风暴大多发生在南、北纬度 5 度～25 度的热带海域，给人类带来巨大的灾害。

71. 最咸的湖

死海是地球上最咸的湖泊，死海名字叫"海"，其实不是海，而是位于巴勒斯坦、以色列和约旦交界处的一个内陆湖。含盐度差不多是一般海水的 10 倍。因此海水中不但没有鱼虾、水草，甚至连海边也寸草不生，这就是得名死海的原因。由于含盐度高，海水的密度就大，浮力也大，人可以仰卧在水面上，即使不会游泳的人潜入水中也不会被淹死，因此有"死海不死"的说法。

72. 最大的湖泊

里海是世界上最大的湖，位于亚欧大陆腹部，占全世界湖泊总面积的

14%，湖水总容积为 76 000 立方千米，相当于日本全部国土的面积。里海南北狭长，形状像"S"型，是世界最长的湖泊。里海位于荒漠和半荒漠环境之中，蒸发非常强烈，湖水不断减少，水位必然会逐步下降。

73. 最深的湖

贝加尔湖是世界上最深的湖泊。它从东向西南延伸长达 636 千米，但宽度只有 25 ~ 79.5 千米，略呈新月形；湖面海拔 456 米，平均深度 730 米，而在湖中央奥利霍岛以东的最深处达 1 620 米，为世界湖泊的最深纪录。贝加尔湖的面积约为 31 500 平方千米，名列世界第八位，不过由于深度大，蓄水量达 23 000 立方千米，相当于北美洲五大湖蓄水量的总和，约占世界淡水湖总蓄水量的五分之一，所以也称它为世界最大的淡水湖。

74. "个头"最高的淡水湖

世界上有许多的高山咸水湖，但高山淡水湖却不多见，而的喀喀湖却是名副其实的淡水湖，而且也是世界上海拔最高的淡水湖，除此之外，它的总面积也很大，足有 10 个青海湖的大小。罕见的地理环境不仅孕育了丰富的生物，还形成了奇特的自然景观。湖水由周围高山雪水汇集多条河川补给，湖水淡绿清澈，水温很低，鱼虾众多，其中，鳟鱼是湖中的特产。湖里还生长着香蒲和其他茂密的水草。湖中有 50 多个岛屿，岛上水鸟密集，其中太阳岛和月亮岛最有名。的的喀喀湖湖岸曲折，有很多半岛和湖湾，湖面被半岛分为丘古伊多和维那马卡两个水域。安第斯山脉像巨大的屏障保护着的的喀喀湖，而湖水也调节着该地区的气温与湿度。

75. 地理位置最高的咸水湖

纳木错湖海拔 4 718 米，面积 1 900 平方千米，意为"天湖"。纳木错湖靠念青唐古拉山的冰雪融化后形成的大小溪流补充水源，湖水清澈透明，呈

天蓝色，湖中有 5 个岛屿，传说是五方佛的化身，每年春夏季节，成群候鸟栖息岛上，生蛋孵雏，繁衍后代。纳木错湖还是西藏三大圣湖之一，藏传佛教的著名圣地，每到藏历羊年，僧人信徒便不惜长途跋涉前往，转湖一次就会得到莫大的安慰和幸福。

76. 地理位置最高的火山湖

长白山位于吉林省东南部，是一座休眠火山，它气势雄伟、景色秀丽。长白山天池位于长白山主峰火山锥体的顶部，海拔 2 189 米，湖水面积约 9.8 平方千米，形状略呈椭圆，像一块碧玉镶嵌在长白山十六峰中间，被人称为"天池"，所以有"人生不上长白山，实为一大憾事"之说。

77. 最大的岩浆湖

在太平洋的夏威夷岛上，有一座海拔 1 247 米的基拉韦厄火山，它顶部的喷火口是一个椭圆形洼地，最大直径为 4 024 米，深 130 多米，在洼地的西南角，有一个直径为 1 000 米的卵形深坑，称"哈里莫莫"，意为"永恒的火焰之家"。这里曾长期存在着一个世界上最大的岩浆湖，面积广达 10 万平方米，通红炽热的岩浆一般有十几米深，在湖中翻滚嘶鸣，仿佛一炉沸腾的钢水。如果不小心掉进去，将会在瞬间化为乌有。

78. 最长的河流

尼罗河是世界上最长的河，全长 6 671 千米。从发源地到入海口，尼罗河的支流、干流经过卢旺达、布隆迪、坦桑尼亚、肯尼亚、乌干达、刚果(金)、苏丹、埃塞俄比亚、埃及等多个国家。尼罗河不仅为埃及的农业提供了水源，在交通运输上也发挥了巨大的作用。尼罗河三角洲平原，是古埃及文明的摇篮，至今仍有 96% 的人口和绝大部分工农业生产集中在这里。因此，尼罗河被视为埃及的生命线。

79. 最大的河流

　　亚马逊河是世界上水量最大、流域面积最广的河流，它的水流量约占地球表面径流量的 1/5，共有 15 000 条支流。亚马逊河发源于安第斯山，流经赤道地区，注入大西洋，长度为 6 440 多千米，仅次于尼罗河，居世界第二，可水量却是尼罗河的 50 倍以上，居世界之首。亚马逊河浩浩荡荡，流经秘鲁、巴西、玻利维亚、厄瓜多尔、哥伦比亚和委内瑞拉等国，滋润着 800 万平方千米的广阔土地，孕育了世界上最大的热带雨林，使亚马逊河流域成为世界公认的最神秘的"生命王国"。

80. 最大的内陆河

　　伏尔加河是世界上最大的内陆河，也是欧洲最大的河。伏尔加河发源于东欧平原西部的瓦尔代丘陵，最后流入里海，全长 3 690 千米，汇集了约 15 万个支流，流域面积占东欧平原总面积的 1/3，差不多是法国、意大利和西班牙 3 个国家面积的总和。伏尔加河是俄罗斯民族文化的发祥地，伏尔加河流域居住着占俄罗斯人口 2/5 的居民，这里的农业、工业、渔业产值约占全国总产值的 1/4。

81. "旅游地点"最多的河

　　多瑙河发源于德国黑林山的东坡，向东依次流经奥地利、斯洛伐克、匈牙利、克罗地亚、南斯拉夫、罗马尼亚、保加利亚和乌克兰等国家，最后在罗马尼亚流入黑海。多瑙河流域包括了 12 个欧洲国家的全部和部分领土，是世界上流经国家最多的河流，也是东南欧重要的交通大动脉。

82. 含沙量最多的河流

黄河是世界上含沙量最多的河流。黄河中游流经黄土高原地区，许多支流夹带大量泥沙汇入，使河水呈黄色，因而得名。黄河输沙量的 90% 来自晋陕段和泾、洛、渭流域，这里分布着大面积深厚的黄土，植被覆盖少，又经常下暴雨，大量的黄土随着暴雨冲进黄河。黄河水有"一桶水，半桶沙"之称，如果把黄河里的泥沙堆成高 1 米、宽 1 米的土堤，可以围绕地球赤道 27 圈。黄河水进入下游后，由于河道平坦，水流变缓，约有 1/4 的泥沙淤积于河道内，因此，黄河的河床逐年升高。

83. 最窄小的河流

耗来河是世界上最窄的河。位于我国内蒙古自治区赤峰市克什克腾旗的贡格尔草原上。"耗来"是蒙古语"嗓子眼"的意思。耗来河平均水深只有 50 厘米左右，好多地方只有 30 厘米左右深。河水一般只有十几厘米宽，最窄处甚至只有几厘米，放一本书便可以当桥，所以当地人又叫它"书桥河"。

84. 落差最大的瀑布

安赫尔瀑布位于南美洲委内瑞拉玻利瓦尔州的圭亚那高原，是世界上落差最大的瀑布，上下落差 979 米。每当雨季，安赫尔瀑布就形成了一道亮丽的风景，煞是壮观，让人陶醉。

85. 世界上最壮观的瀑布

伊瓜苏瀑布在阿根廷与巴西边界上，是世界最大的瀑布。旱季时伊瓜苏瀑布散开形成许多小瀑布，差不多有 275 股。雨季时，河水增大，大小飞流又合成宽度达 4 千米的大瀑布。伊瓜苏瀑布作为一大景观，已经被联合国教科文组织列为世界自然遗产，最佳参观的季节是 1~3 月。

86. 世界上面积最大的洲

我们所生活的亚洲面积是 4 400 万平方千米，是世界第一大洲。亚洲地势高、地表起伏大，中间高、周围低，是除南极洲外世界上地势最高的洲。全洲大致以帕米尔高原为中心，一系列高大的山脉向四方辐射伸延到大陆边缘。世界上最高的高原——青藏高原、最高的山脉——喜马拉雅山、最高的山峰——珠穆朗玛峰都在亚洲。亚洲大陆在各洲中所跨纬度最广，具有从赤道到北寒带几乎所有的气候带。

87. 最冷的洲

南极洲是世界上最冷的洲，其大陆平均海拔在 2 350 米以上，南极洲 98% 以上的面积被深厚的冰雪覆盖着，常年不化，剩下 2% 的地方则是光秃的岩石。南极洲冰层的平均厚度约 2 000 米，最厚的地方达到 4 200 米。整个南极大陆，冰的体积达 2 400 多万立方千米，南极的高海拔和稀薄的空气，又使得热量不易保存，所以南极异常寒冷。如果把一杯水泼向南极空中，落下的是冰晶。

88. 最长的山系

科迪勒拉山系是世界上最长的褶皱山，纵贯美洲大陆西部，北起阿拉斯加，南到火地岛，绵延 1.5 万千米，由一系列平行山脉、山间高原和盆地组成，科迪勒拉山系属环太平洋火山地震带的一部分，构造复杂，火山众多，地震频繁。

89. 山峰里的"巨人"

珠穆朗玛峰海拔 8 848 米，位于我国西藏境内，是地球上第一高峰。珠穆朗玛峰山体呈巨型金字塔形，横空矗立，巍峨宏大，而且气势磅礴。在它周围 20 千米的范围内，群峰林立，重峦叠嶂，海拔 7 000 米以上的高峰就有 40 多座。早在 19 世纪初，攀上珠峰就成为世界登山爱好者和科学家的"夙愿"。

90. 威力最大的火山

1883 年，位于印尼境内的喀拉喀托火山开始隆隆作响，喷射出火山灰和碎石。山体分裂，喀拉喀托岛的 2/3 被崩毁。爆发产生的火山灰射入大气层，整个印度尼西亚上空一片昏暗，落日都呈现出鲜艳夺目的色彩，3 620 千米之外的澳大利亚南部和西部地区，甚至印度洋和罗德里格斯岛上都听到了大爆炸的巨响。这次爆发引起了强烈的地震和海啸，激起的狂浪高达 20 ~ 40 米，摧毁了附近许多城镇和村庄，死亡人数高达 30 万。因此，喀拉喀托火山成为目前爆发过的威力最大的火山。

91. 最活泼的火山

伊萨尔科火山位于中美洲萨尔瓦多西部，自 1770 年首次喷发以后，230多年来，一直有规律地喷出火焰和火山灰，每隔几分钟至十几分钟就喷发一次，喷出的蒸汽、熔岩和火山灰高达 300 米左右，是世界上最活泼的火山。伊萨尔科火山海拔 1 965 米，经过附近的船只晚间都能见到闪光，它成了航海的天然信号灯塔，一闪一闪，因此被称为"太平洋的灯塔"。

92. 最美丽的火山

富士山屹立在日本中南部，海拔 3 776 米，是日本最高的山峰。富士山是一座休眠火山，整个山体呈圆锥状，一眼望去，就像一把悬空倒挂的扇子，山峰高耸入云，山巅被白雪覆盖。天气晴朗时，远远望去，蔚蓝的天空衬着白雪皑皑的山体，山下树木翠绿，春天还有盛开的樱花，格外美丽。最美的富岳风穴内的洞壁上结满钟乳石似的冰柱，终年不化，是罕见的奇观，被称为"万年雪"。富士山是日本国的旅游胜地。

93. 最大的沙漠

撒哈拉沙漠是世界上最大的沙漠，面积 800 多万平方千米，位于阿特拉斯山脉和地中海以南，约北纬14°线以北，西起大西洋海岸，东到红海之滨，横贯非洲大陆北部，东西长达 5 600 千米，南北宽约 1 600 千米，面积约906.5 万平方千米。

94. 最大的盆地

刚果盆地位于非洲中部，是世界上最大的盆地，又称扎伊尔盆地。刚果盆地原来是一个面积广大的内陆湖，后来由于地壳运动形成盆地。刚果河流经盆地中心，水量很大。刚果盆地的中部是平原，外围被河谷和山地层层围绕。盆地中心部分最低处海拔只有 200 米，而四周的高原、山地一般高于其海拔，所以当地的人都称它为"绿色的土地"。

95. 年纪最小、最高的高原

青藏高原的平均海拔 4 000 米以上，全世界的 11 座海拔超过 8 000 米的高

峰，都矗立在青藏高原上，所以有"世界屋脊"之称。青藏高原是近350万年才形成的，距今10 000年前，高原抬升速度加快，以平均每年7厘米的速度直贯长虹，是当之无愧的"世界屋脊"。

96. 面积最大的高原

巴西高原位于南美洲中东部，亚马逊平原和拉普拉塔平原之间，面积5 000多万平方千米，是世界上最大的高原。巴西高原大部分地区是热带草原气候，年均气温在22℃以上，分旱季和雨季。夏天雨季到来，草原上一片葱绿，是良好的天然牧场，促进了巴西畜牧业的发展。

97. 最大的平原

亚马逊平原位于南美洲北部亚马孙河中下游，介于巴西高原和圭亚那高原之间，西抵安第斯山麓，东滨太平洋，跨居巴西、秘鲁、哥伦比亚和玻利维亚4国领土，面积有560万平方千米（其中巴西境内220多万平方千米，约占该国领土1/3以上），是世界最大的冲积平原。

98. 最寒冷的平原

俄罗斯西部的西伯利亚平原，每年12月到第二年的2月，月平均气温在零下45℃以下，最低时曾达到过零下71℃，是世界上最寒冷的平原。降水季节性差异明显，75% ~ 80%的降水集中在夏季，是北半球的两大"寒极"之一。

99. 最大的半岛

阿拉伯半岛在亚洲的西南部。面积约322万平方千米，南北长2 240千米，东西宽 1 200～1 900 千米，将近 1/3 个中国大，是世界上最大的半岛。

100. 最大的三角洲

恒河三角洲是世界上最大的三角洲，又名"恒河—布拉马普特拉河三角洲"，面积 6.5 万平方千米，大部分在孟加拉国南部，小部分在印度的西孟加拉邦。

101. 最大的岛

位于北美洲东北部，北冰洋和大西洋交接处的格陵兰岛是世界第一大岛，面积为 217.56 万平方千米。格陵兰岛是一个由高耸的山脉、庞大的蓝绿色冰山、壮丽的峡湾和贫瘠裸露的岩石组成的地区，它的北端是地球上陆地距北极极点最近的地方，因此有极昼和极夜现象。每到冬季，有持续数个月的极夜，偶尔还会出现色彩绚丽的北极光；而在夏季，格陵兰则成为日不落岛。

102. 最大、最长的珊瑚礁群

大堡礁蜿蜒于澳洲的东海岸，是世界七大景观之一，绵延 2 000 千米，是最大、最长的珊瑚礁。这里景色迷人，险峻莫测，甚是壮观。

103. 最大的峡谷

美国的科罗拉多大峡谷，是地球上最大、最壮观的侵蚀地貌，由科罗拉多河水深切而成。科罗拉多大峡谷的形状极不规则，大致呈东西走向，总长 446 千米，蜿蜒曲折。峡谷两岸北高南低，西侧谷壁呈阶梯状，气候干燥，植物稀少，谷壁可贯穿到从古老的原生代到新生代的各期地层，在阳光下岩石显示出不同的颜色，甚是壮观。

104. 地球最大的"疤"

东非大裂谷是非洲东部高原上的一条断裂深陷的裂谷带，它气势宏伟，景色壮观，是世界上最大的裂谷带。东非大裂谷总长超过 6 000 千米，从卫星上看犹如一道巨大的"伤疤"。

105. 绵延最长的洞穴

享誉世界的猛犸洞位于美国肯塔基州。现已探明其总长度达到了 240 千米，是世界上迄今为止发现的最长的岩溶洞穴。该洞由 255 条地下通道组成，共分 5 层，最下一层低于地面 110 多米。洞穴内有 77 座地下大厅，上下左右均可连通，形成一个曲折幽深、扑朔迷离的地下迷宫，最著名的有中央大厅、酋长厅、蝙蝠厅、星辰厅、婚礼厅。最高的是酋长厅，略呈椭圆形，厅内可容数千人。

106. 大自然雕琢的长桥

世界上最长的天然桥是美国犹他州东南部的虹桥。这座天然的砂石拱桥跨度达 88 米，距峡谷地面 30 米，因风化作用部分桥面的厚度只有 1.8 米。这座天然的砂石桥，每年都会吸引世界各地的游客前来一睹它的雄姿。

107. 年平均温度最高的地方

世界上绝对最高温度出现在非洲的索马里，在那里阴影处测得的温度就高达 63℃。而埃塞俄比亚的马萨瓦却是世界上平均气温最高的地方。它 1 月份平均温度在 26℃左右，7 月份平均温度为 35℃，全年平均温度高达 30.2℃，几乎天天都是盛夏。如此高的温度再加上全年只有 180 多毫米的降水，马萨瓦城显得又干又热。

 ## 108. 地势最低的国家

　　荷兰位于欧洲西部，总面积为 41 528 平方千米，荷兰的正式国名是尼德兰王国。"尼德兰"就是"低地"的意思。荷兰地势非常低平，仅在东部和南部有几座山丘，27%的国土低于海平面，1/4 的土地海拔不到 1 米，所以荷兰人为了更好地生存和发展，他们长期与海搏斗，围海造田。如今荷兰国土有 20%是人工填海造出来的。他们成功地保卫了自己的家园。

109. 世界上最炎热的国家

　　科威特位于阿拉伯半岛东北部，与沙特阿拉伯接壤，国土大部分为沙质平原，盛产石油。科威特夏季的日平均气温在 40℃以上。当树荫处气温为51℃的时候，沥青公路路面的温度则高达 80℃，是世界上最炎热的国家。

110. 最大的荚果

　　藤子是世界上最大的荚果，又名眼镜豆、过江龙等。长达 1 米多，因此，有了"过江龙"的美名。它要比一般的花生、大豆等荚果大几十倍，偌大的豆荚鼓起成熟的果实就像是游在江中的一条龙，略弯曲，由多数荚节组成，成熟时逐节脱落，每节内都有一粒种子，种子近圆形，扁平巨大，活像一副大眼镜，所以又称"眼镜豆"。

 ## 111. 最有力气的果实

　　喷瓜原产欧洲南部，它的果实呈橄榄形，表面带有毛刺，看起来像个大黄瓜，里面是浆液与瓜籽。喷瓜的种子浸泡在黏稠的浆液里，这种浆液把瓜皮胀得鼓鼓的，绷得紧紧的，强烈地压迫着瓜皮。当瓜成熟后，稍有触动，接着"砰"的一声，瓜内的种子连同黏液一起喷射出去，好像被揭去了盖子的汽水一样。喷瓜的这股力量很猛，可把种子及黏液一直喷射到 5 米以外的地方，听起来就像放爆竹，所以人们又叫它"铁炮瓜"。另外，喷瓜的黏液有毒，人们须慎防滴入眼睛内。

112. 含热量最高的水果

鳄梨产于热带、亚热带，是世界上含热量最高的水果，每 100 克果肉中含 163 千卡热量，是苹果的 3 倍。

113. 营养成分最高的植物

在我们常见的食物中，含植物蛋白质最多的是大豆，每 100 克大豆中含植物蛋白质 36.3 克。大豆还因为不含胆固醇而深受人们的欢迎。大豆的营养价值很高，被营养学家誉为"植物肉"，是广大居民的首选食品之一。

114. 最值钱的草

黑节草是世界上价格最昂贵的草，生长在云南曲靖地区，是一种珍贵的中草药。

在国际市场上，一种用黑节草加工而成的叫"龙头凤尾"（又名"西风斗"）的贵重中药，每千克售价 3 000 多美元，相当于买 12 吨小麦。所以它是医学家们爱不释手的珍品。

115. 植物中的"音乐家"

在"植物王国"云南，有一种世界最绝妙的、会"闻乐起舞"的植物，这种草的触觉特别灵敏，当音乐声响起时，它的叶子就会随音乐高低快慢的旋律而上下跳动，翩翩起舞。音乐的节奏越快，它跳动得就越快；音乐节奏越慢，它跳动得越慢。音乐停止时，它也就立刻停止了跳舞。因为有这种超凡的本领，所以植物学家便给它取名"跳舞草"，也因此吸引了大量的游客前来一睹它美妙的舞姿。

116. 树木中的"钢铁英雄"

世界上材质最硬的树种是铁刀木。铁刀木的材质特别硬，难锯、难刨，刀斧难入，用斧头劈它时竟会迸出火星，子弹打在上面，就像打在厚钢板上一样，纹丝不动，所以被称为"铁刀木"。铁刀木不仅非常硬，而且密度非常大，放到河里，就会像钢铁一样立即沉到河底。

铁刀木不仅生长迅速且长寿，还能分泌出一种毒汁来抵抗病虫侵害。由于材质硬、强度高，又难腐蚀、耐久性强，铁刀木成为一种名贵的木材，常被用来制作高级家具和铁路的枕木。

117. 不怕火烧的树

在我国南海一带，生长着一种不怕火烧的树木——海松树。海松木质坚硬，再加上它的散热能力特别强，所以特别耐高温，人们根本不用担心海松树林会着火。

人们用海松的木材做成的烟斗，即使是经过成年累月地烟熏火烧，也完好无损。如果把头发绕在海松木上面，想点着都很难，可见海松的散热能力有多强。

118. 树中的"不老翁"

龙血树是常绿的大树，树身高 20 米，基部周长要七八个人伸开双臂，才能合抱住它。龙血树的树龄一般可达 8 000 多年，它流出的树脂呈暗红色，被

人们称为"龙之血",是名贵中药"血竭"的主要原料,所以被人们称为"不老翁"。

119. 世界上最轻的树

轻木,是世界上木材最轻的树,也叫巴沙木。轻木的木材,每立方厘米只有0.1克重。做火柴棒用的白杨的木材还要比它重3.5倍。一个搬运工人可以轻松地扛走10米长的树干,轻木木质轻,不容易导热,所以暖水瓶的瓶塞就是由轻木制作的。

120. 最"懒"的树

在喀拉哈里沙漠中,有一种名叫尔威兹加的树木,3年才长高1厘米,堪称世界上生长速度最慢的树。尔威兹加树个子很矮小,整个树冠是圆形的,要是从正面看上去,就像是沙地上的小圆桌。尔威兹加树的这种特性适应了沙漠气候,是沙漠中少数能生存下来的树种之一。

121. 最"聪明"的树

纺锤树生长于南美的巴西高原,长得很像一个大纺锤,它的树干两头细中间粗,最粗的地方直径约有5米,树高大约30米,一株纺锤树在雨季里拼命地喝水,可以贮存两吨水,以满足在干旱季节里的需要。纺锤树也可以为荒漠的旅行者提供水源。只要在树上挖个小孔,清新解渴的"饮料"便流出来了。

122. 树中的"胖子"

百骑大栗树生长在地中海西西里岛(今属意大利)的埃特纳火山的山坡

上。它的树干直径达 17.5 米，周长 55 米多，需 30 多个成年人手拉着手，才能围拢它，是世界上最粗的树，也是最粗的植物。百骑大栗树虽饱经沧桑，现在仍然枝繁叶茂，开花结实。树下那个大洞常被采栗的人当做"临时住宿"。

123. 个子最高的树

杏仁桉树产于澳洲，是世界上最高的树。澳洲杏仁桉树一般都高达 100 米，其中最高的一株，树干直插云霄，高达 156 米，有 50 层楼那么高，在人类已测量过的树木中，它是最高的一株。鸟在澳洲杏仁桉树顶上歌唱，人在树下听起来，就像是蚊子的嗡嗡声一样。人在树下往上看都看不清树叶的样子。这种树基部周围长达 30 米，树干笔直向上则明显变细，树和叶生长在顶端。

124. 个子最矮的树

一般的树木能长到 20~30 米高，然而有一种树一般只长到 5 厘米高，它就是世界上最矮的树——矮柳。

矮柳一般只有 5 厘米高，比当地的蘑菇还矮小，矮柳生长在温度极低、空气稀薄、风大、阳光直射的地方。

125. 树冠最大的树

在孟加拉有一种树冠很大的榕树。它也是世界上树冠最大的树，一棵孟加拉榕树的树冠可以覆盖 15 亩左右的土地，有 1 个半足球场那么大，可以容纳 7 000 人一起在大树下乘凉，真称得上是遮天蔽日。

126. 风最不易吹倒的植物

世界上根扎得最深的植物，是长在南非奥里斯达德附近的回声洞里的一

棵无花果树，它的根深入地下已有 120 多米，庞大的根吸收着大量的养分，使这棵无花果树至今仍在旺盛地生长，是目前人类发现的生长得最深的根了。

127. 树中的造酒大王

世界上含酒精最多的树是非洲东部的休洛树。它分泌出来的液汁含有浓烈的酒香味，长年飘溢，只要走近它，就能闻到一股扑鼻的酒香。

当地蒲拉拉族人把休洛树作为一种天然的美酒来饮用。不过，美酒虽好，也不能贪杯，过多饮用休洛树酒也会迷醉的。

128. 树中的产油王

油棕主要分布在赤道附近的马来西亚、印度、泰国、巴西等地。我国的海南岛引进油棕有 40 多年的历史了。油棕是世界上含油量最高的树，有"世界油王"之称，一般亩产棕油 200 千克左右，相当于花生产油量的 5 倍、大豆产油量的 10 倍。果仁含油量达 50% ~55%。从油棕果肉榨出的油叫做棕油，由果仁榨出的油称为棕仁油，它们都是优质的食用油和工业用油。

129. 最长的植物

白藤是世界上最长的植物，白藤也叫省藤。不断地向上攀缘在建筑物或别的植物上，它的茎很细，一般只有人的大拇指那么粗，从白藤的根部到顶部，长约 300 米，最长的可达 500 米，比操场上的一圈跑道还要长。

130. 最甜的植物

世界上最甜的植物是非洲薯蓣叶防己。非洲薯蓣叶防己生长在西非热带森林里，它每年都结果，果实很多，每穗有 40～60 个，呈红珊瑚色，外形与野葡萄相似，很逗人喜爱。这种可爱的果实非常的甜，经测量比食糖要甜上 9 万倍！

131. 最敏感的植物

有人把一段长 11 毫米的细头发丝，放在毛毡苔的叶子上，叶子便会马上卷曲起来把头发按住。还有人把 0.000 003 毫克的碳酸铵（一种含氮的肥料）滴在毛毡苔的绒毛上，它也能立刻感觉到，做出相应的反应。

132. 最"善变"的花

世界上颜色变化最多的花要数弄色木芙蓉了。弄色木芙蓉的花刚开放的时候是白色，第二天变成了浅红色，后来就变成了深红色，到花落的时候就变成紫色了。这些色彩的变化，是由于花瓣里的细胞液中存在着色素，这些色素随着空气中的温度和酸碱的浓度的变化而变化，所以也被称之为花中"变色龙"。

133. 花朵中的"霸王"

迄今世界上最大的花是大王花。它的直径有 1 米左右，最大的可以达到 1.4 米，堪称花朵中的"霸王"。

134. 寿命最短的花

根据"昙花一现"的成语，很多人以为昙花是世界上寿命最短的花朵，昙花从晚上八九点钟开花，到零点左右枯萎凋谢，能持续三四个小时。而我们常见的小麦的花才是世界上寿命最短的花。因为花小且人们多关注它的麦穗，在很长时间内人们都忽略了它的花期。小麦花仅仅开放 5～30 分钟就凋谢了。

135. 寿命最长的花

世界上寿命最长的花，是生长在热带森林里的双叶草的兰花，它能一口气开 70 天，然后才凋谢。与仅仅只有几分钟生命的小麦花相比较，双叶草的兰花可真的是"花中人瑞"。

136."迟到"的花中"公主"

世界上开花最晚的植物是拉蒙弟凤梨。拉蒙弟凤梨生长在南美洲的玻利维亚，它要生长 150 年后才开出花序，花序呈圆锥形。由于开花需要生长这么多年，所以能看到它开花的人并不多。更可惜的是，拉蒙弟凤梨一生只开 1 次花，把美丽和灿烂留在人间后不久就枯萎、死亡了。

137. 花粉最大的植物

西葫芦是世界上花粉最大的植物，它的花粉直径有 200 微米，黄色的花冠里布满了这种花粉。甚至可以用肉眼就看到西葫芦花粉。

138. 花粉最小的植物

世界上花粉最小的植物是勿忘草。勿忘草高约 20～35 厘米，生长很快，常开素雅的蓝色小花，现在还有红白两色的两种花。勿忘草的花粉粒只有 4.5 微米左右，要在高倍显微镜下才能看见。花粉粒是中间略细的长圆形，就算放大 300 倍，也只有芝麻粒那么大。

139. 最耐寒的花

雪莲花是世界上最耐寒的花，就算在零下50℃、海拔5 000米的高山上，雪莲花也能一样盛开，雪莲能在冰山雪地里顽强生长、开花，显得异常弥足珍贵。

 140. 最高的竹子

印度麻竹又叫龙竹、大麻竹、高大牡竹，是至今世界上最高的竹子。麻竹生长速度特别快，一般竹笋出土后十几天就可以长到23～30米左右，超过30米的也不难见到。1999年在昆明世界园艺博览会上展出的一株印度麻竹，高达40米，竹竿粗30多厘米。锯下一节就能制成一个不算太小的水桶。有人夸张地说，如果你夜深人静时来到竹林，就能听到麻竹"叭叭"的拔节声。

 141. 最小的竹子

世界上最小的竹子是翠竹。翠竹和一般小草差不多，不仔细看还真分辨不出它们是竹子！最高的翠竹不过10厘米，它们的茎秆比牙签还细，竹叶短小青翠，充满生机，谁看了都甚是喜爱。所以，好多人喜欢把它作为家庭的观赏植物。

 142. 叶子最大的植物

世界上叶子最大的植物是大根乃拉草。大根乃拉草生长在智利大森林里，它的叶片面积达到9平方米，能把3个并排骑马的人都可以完全遮住。

 ## 143. 叶子最长的植物

　　叶子最长的植物是生长在热带的长叶椰子，长叶椰子的一片叶子，竖起来有 7 层楼房那么高，不愧为世界上的长叶冠军。

 ## 144. 叶子最小的植物

　　文竹的分枝既多又细，一般大家会认为是文竹叶子的部位，其实是文竹的茎秆和枝条。文竹的叶子已经退化成为白色的鳞片，并且躲在叶状枝条的基部。只有用放大镜才能看清文竹叶子，所以文竹是世界上叶子最小的植物。

145. 最小的种子

　　斑叶兰的种子是世界上最小的种子。它是一种生活在陆地上的兰科植物，它植株矮小，茎是根状的，很短。每年 9 月会开白色的小花，虽然小却很芳香。开花后不久，斑叶兰就长出种子来了。

　　斑叶兰的种子只有一层薄薄的种皮包着胚芽，来满足自己生长、发育的一点养料，细小得像针一样，用肉眼很难看到。每粒斑叶兰种子只有二百万分之一克重，也就是说 1 亿粒斑叶兰种子只有 50 克重。

 ## 146. 寿命最长的种子

　　1951 年我国科学研究者在辽宁地区的泥炭中挖出了 1 000 多年前的古莲种子，令人称奇的是这些古莲种子竟然被成功地种活了。

147. 发芽最积极的种子

梭梭树是一种生长在沙地上的固沙植物，也称为"沙漠植被之王"，为了适应沙漠地区缺水、干旱、炎热的自然环境，梭梭树练出了一套迅速发芽的本领。只要它种子得到一点点水，哪怕是雾珠，它就会在两三小时内生根发芽，而且生长繁殖，迅速蔓延成片。

148. 会吸水的植物

在沼泽地区或森林洼地里常常生长着一种叫做泥炭藓的植物。泥炭藓吸收的水分是自身体重的 10 ~ 25 倍，可与我们常用的脱脂棉的吸水能力相媲美，所以是世界上至今发现的吸水能力最强的植物。

149. 生命力最顽强的植物

世界上生命力最顽强的植物就是地衣。无论是在沙漠、高原还是在赤道、南北极地区，都能看到生长的地衣。地衣在零下273℃的低温下照样能生长，在比沸水温度高1倍的情况下也能生长，在真空条件下放置6年后还能保持活力。可见，地衣的生命力有多顽强。

150. 最多营养的植物

螺旋蓝藻是世界上已发现的含蛋白质最多的植物。螺旋蓝藻的蛋白质含量为68%，是精瘦肉的3倍，除了含有大量蛋白质外，还含有大量的维生素、矿物质和脂肪等维持和增进人体健康所不可缺少的营养素，所以也叫"参藻"，又称"水中人参"，是上好的保健食品。

151. 最早发现的长篇小说

日本的《源氏物语》是世界上最早的长篇小说。"物语"的意思就是故事或杂谈。这种体裁是在日本民间评话的基础上形成的，并受到我国六朝、隋唐时期传奇文学的影响。《源氏物语》的作者是一位女性，本姓藤原。全书共 54 卷，近百万字，故事一共经历四朝天皇，长达 80 多年，里面人物有 400 多个，书中人物关系错综复杂，反映了那个时代的宫廷生活。

152. 最长的史诗

世界上最长的史诗是藏族的长篇叙事诗《格萨尔王传》。从目前已经搜集到的资料上看，有 120 多卷，2 000 多万字。是一部以民间说唱形式来赞美英雄的史诗。史诗的内容丰富多彩，包括了藏族的历史文化、民俗、军事、价值观念等方面的内容。

153. 最早的一部书信小说

法国启蒙思想家孟德斯鸠的《波斯人信札》是世界上最早的一部书信体的小说。是一部用书信体来写的具有讽刺味道的作品，没有完整、具体的情节，只是叙述一些零碎的小故事，谈论一些人物，借此来发泄他心中对政治、社会、宗教、道德等方面的不满，揭露了法国封建王朝与天主教会以及社会生活方面的种种弊端。

154. 最早的推理小说

"包青天"的故事大家都耳熟能详，但并不知道它是世界上最早的推理小说，也就是《包公案》。它的全名是《京本通俗演义包龙图百家公案全传》，所以简称《包公案》，收集了 100 多个故事。小说以推理的方式记录了宋朝年间河南开封的"铁面包公"断案的故事。此小说跌宕起伏，环环相扣，扣人心弦，既出人意料又在情理之中。故事中的主人公断案如神，不畏强权，不徇私枉法，所以百姓都亲切地唤他"包青天"。他的身边还有精明能干的七侠五义，个个身怀绝技，在他们的协助下，包公破解了一宗又一宗的悬疑难案，一次又一次使真相大白。

155. 最畅销的书

《圣经》是基督教的经典。它不在书店发行，但它的发行量却是全球第一，一年的销售量就高达 6 000 万册，这远远超过当今任何一种名列榜首的畅销书。

156. 最短的古典小说

文章贵在短而精。我国晋代诗人陶渊明曾写过一篇 25 个字的短篇的小说，题目是《陨盗》，是最短的古典小说。小说讲的是："蔡裔有勇气，声若雷震。尝有二偷儿入室，裔附床一呼，二盗俱陨。"这篇小说写得生动传神，惟妙惟肖，人物和故事情节都很齐全：有两个小偷进屋偷东西，蔡裔只是附在床边大声一叫，两个小偷就被他的声音给震死了，充分展示出了他声如雷震的特点。

157. 创作时间最长的小说

歌德是德国的著名诗人，欧洲启蒙运动后期最伟大的作家。他前后共用了 60 年完成了他的名著《浮士德》。它取材于德国 16 世纪有关浮士德博士的传说。传说中的浮士德创造了很多奇迹，他既可以点石成金，还可以起死回生，也可以为了探求人生意义而放弃自己宝贵的生命。

158. 最早的寓言集

大家都知道《伊索寓言》的作者是伊索，传说大约生活在公元前 6 世纪。其实，现在流传的《伊索寓言》是后人根据大量的希腊寓言和其他寓言编著而成的。中国在明代的时期就有了《伊索寓言》的中译本，名为《况义》，清代又出现了英汉对照本。《伊索寓言》已被认为是世界上最早的寓言集，书中幽默机智的语言令人回味无穷，百看不厌，爱不释手。

159. 最早的诗歌文集

《诗经》是我国也是世界上最早的诗歌文集，全集共 305 篇，大部分是西周到春秋时期的诗歌。分"风""雅""颂"三大部分，都因音乐而得名。"风"是地方调，有 15 国风，共 160 篇，"雅"共 105 篇，"颂"共 40 篇。

160. 拍成电影最多的文学著作

莎士比亚的《罗密欧与朱丽叶》是被拍成电影最多的文学名著。几百年来这出描写爱情的悲剧已成为世界上最动人、最凄美的爱情故事，经常在世界各国舞台上演出，以它为剧本拍成的电影就有 19 部之多。

161. 书中人物最多的小说

施耐庵的《水浒传》，是我国著名的长篇小说，成书于元末明初，是我国四大古典名著之一。《水浒传》中的好多人物都描写得栩栩如生，个性鲜明。据统计，该书主要人物有 108 位，但全书中描写的人物，有名有姓的有 577 位，有名无姓的有 9 位，无名有姓的有 99 位，书里提到而没有出场的 102 位，全书人物一共 787 位，超过中外任何一部小说中所提到的人数，堪称是世界上描写人物最多的小说。

 162. 最早的女诗人

　　萨福是世界上最早的女诗人，她出身于古希腊贵族家庭，她以女性细腻的笔触和自身感受完成 9 卷诗，但是大多数以伤风败俗的罪名于 1073 年被烧掉了。流传到今天只剩下 2 卷完整的诗和一些残句，其中最著名的诗有《给阿那克托里亚》、《献给美神》等。

 163. 稿费最高的作家

　　美国作家海明威的写作风格被称作"冰山风格"，通常只写出八分之一，剩下的让读者发挥想象力，这样其作品就更加具有吸引力。1961 年 1 月，海明威为《体育画报》写了一篇关于斗牛的、全文不过 200 字的短文，稿费却高达 3 万美元，只比他所得的诺贝尔奖金少 6000 美元，平均每一个字就值 15 美元，是至今文坛上最高的稿费了。

 164. 最早的悲剧作家

　　埃斯库罗斯出身于雅典的一个贵族家庭，是古希腊三大悲剧诗人之一，同时也是最早的悲剧作家。相传他创作了 70 部悲剧，流传至今的只有 7 部：《乞援人》、《波斯人》、《七将攻忒拜》、《被缚的普罗米修斯》、《阿伽门农》、《奠酒人》和《报仇神》。

 165. 最早的喜剧作家

　　阿里斯托芬是最早的喜剧作家。他生活在城邦衰落时期，是古希腊城邦国家雅典的一个小土地所有者，因此他的喜剧创作主要反映了当时的小土地

所有者的愿望，他对时政进行了大胆的讽刺。相传他创作了44部作品，但只有11部作品流传了下来。

166. 侦探小说家的鼻祖

爱伦·坡是世界上最先创作发表侦探小说的作家。他是一位美国作家，他的作品最初发表于1827年，有代表性的作品有：《怪诞故事集》、《莫尔街凶杀案》、《黑猫》、《厄舍屋的倒塌》、《一桶酒的故事》、《红色死亡的假面舞会》等。

167. 最有名的侦探小说家

想必大家都知道《福尔摩斯探案全集》这部侦探小说，它的作者就是大名鼎鼎的柯南·道尔。柯南·道尔是英国人。他曾就读于爱丁堡医科大学，毕业后做了几十年的医生，但是他的才能是多方面的，这为他以后创作侦探类的悬疑小说提供了很好素材。他利用在诊所等待病人的时间，创作了这部小说，成功塑造了"福尔摩斯"这一形象，从而在国际上获得了巨大反响。"福尔摩斯"已成为世界上家喻户晓的人物了。柯南·道尔也因此成了最有盛誉的侦探小说家。

168. 最早的科幻小说

英国著名诗人玛丽·雪莱是世界上最早写科幻小说的人，她创造了《弗兰肯斯坦》，又名《现代的普罗米修斯》。玛丽·雪莱是英国著名诗人雪莱的妻子。她以诗人敏感的神经和丰富的想象力写成了这篇科学幻想小说。故事中的主人公弗兰肯斯坦是一位科学家，他利用死人器官拼凑出一个怪物。这个怪物在人间东奔西跑，却得不到理解和同情。他向往美好，渴望感情，换来的却是谎言与杀戮。他终于不顾一切地对人类展开了复仇行动，杀死了自己的主人，最后漂流到北极冰原。小说一经推出，立刻引起了极大反响，人们开始注重起这种题材的小说了。

169. 获得诺贝尔文学奖的第一人

诺贝尔文学奖的颁奖单位是瑞典文学院。首届文学奖于1901年颁发，得主是法国诗人苏利·普吕厄姆，他成为世界上最早的诺贝尔文学奖获得者。

170. 最早的纪传体史书

由司马迁编撰的《史记》是我国第一部通史，也是世界上最早的一部纪传体历史著作。鲁迅曾高度赞誉过《史记》，说它是"史家之绝唱，无韵之《离骚》"。《史记》在我国文学史和史学界都有着很高的地位和深远的影响，是我国历史学上一个划时代的里程碑。

171. 记载时间跨度最长的历史巨著

《二十四史》是由明成祖朱棣下令编纂的史书合集，它是历代各朝编撰的二十四部史书的总称，是研究中国历史最权威的史料。《二十四史》的内容上起传说中的黄帝，下至明朝崇祯皇帝，包括了氏族公社制、奴隶制、封建制等四五千年的历史进程，它是世界上记载时间跨度最长的历史巨著。

172. 最大的综合性书籍

《四库全书》综录历代典籍，是迄今为止人类历史上最大的综合性书籍。纂修《四库全书》的在世人员见于乾隆四十七年（1782年）的清单就多达360人，其规模之宏大远超前代，共收录图书36 000多册，79 000多卷，约8亿字，容纳了历史、文学、哲学、社会科学、自然科学等各方面精华内容。

173. 最早、最大的百科全书

《永乐大典》是 500 多年前明朝永乐年间完成的一部百科全书。它不仅是我国文化史上最早、最大的一部百科全书，而且是迄今世界上最早、最大的百科全书。《永乐大典》收录有古书七八千种，上自先秦，下至明朝，汇集了当时的天下群书。其中包括经、史、子、集、释藏、道经、医药、戏剧、文艺等。全书共 22 877 卷，3.7 亿万字，由数千人编写而成，前后用了长达 5 年的时间。

174. 最早的现代百科全书

世界上最早的现代百科全书是法国狄德罗编写的《百科全书》。1750 年，狄德罗和达兰贝尔开始合作主持编写《百科全书》，经过 20 多年的努力，终于完成。当时参与撰稿的有 200 多人，很多都是政治、哲学、经济、医药、艺术、军事等方面的杰出人才。《百科全书》共有 35 卷，图文并茂，涵盖了当时自然科学、人文科学等领域所取得的最高成就。

175. 最具影响力的百科全书

《大英百科全书》创始于 1768 年，于 1974 年出版了第 15 版，共 30 卷，收录 106 207 个条目。它是世界上影响最大的一部百科全书，又名《不列颠百科全书》，内容包括了政治、经济、哲学、文学、艺术、社会、语言、宗教、民族、音乐、金融等 200 多个学科。参加这部书编写的有 4 300 多位专家、学者，他们分别来自 130 多个不同国家，都是学术界的权威人物，其中还有 100 多名诺贝尔奖的获得者。

176. 最早的地理书籍

《山海经》是世界上最古老的一部地理书，同时也是我国的先秦古书。《山海经》记录了我国古代的相关民间传说和地理知识。一共18卷，分为《山经》和《海经》两大部分。其中《山经》主要以各大山川为纲，记述了古史、草木、鸟兽、宗教等内容。《海经》则记述了地理位置与环境，且记述了周边国家与民族的风土人情。所以《山海经》在神话和宗教研究领域都具有重要的研究价值，同时在古代历史、地理、物产、医药等方面也有着重要的科学价值和参考价值。

177. 最早的纸写书

世界上现存最早的纸写书是我国晋朝时期陈寿的《三国志》。用隶书字体写成的书籍，刚编写完不久，民间就出现了这本书的纸抄本。《三国志》记述了魏蜀吴三国的历史，基本属于纪传体的史书，是目前世界上最早的纸写书。

178. 最早有明确日期记载的印刷物

《金刚经》是世界上最早的有明确日期记载的印刷物。全称是《金刚般若波罗蜜经》，是我国唐代的雕版印刷品，迄今已有1 130多年的历史。全文5 400多字，是大乘佛教的经典。《金刚经》的卷首是一幅释迦牟尼"说法"的画面，其他是经文内容，卷末清楚地写着"咸通九年四月十五日王玠为二亲敬造普施"的题记。

179. 最早的教育论著

《学记》是世界上最早的一部教育论著。《学记》是《礼记》中的一篇，完成于战国末期。是我国古代第一部教育名著，总结和概括了先秦儒家的教育经验和理论，进行了精辟的阐述。《学记》主要记载了我国 2 000 多年前贵族阶层的教育制度、内容及方法，同时也论述了教育的作用、目的和教育思想及未来需要等方面的内容。

180. 最大的词典

《牛津英语词典》是牛津大学出版社出版的词典，是迄今世界上最大的一部词典，第一版前后花了 71 年编写，其中 22 年是准备工作。全书收录了近 50 万词条和 200 多万条实例，为人们的生活提供了极大的方便。

181. 最早的识字课本

据传中国南北朝时期的梁武帝为了让他的儿子们更好地识字，就让人从前人碑帖中选了 1 000 个字，交给文人周兴嗣，让他编成一本条理清楚的儿童识字用书，周兴嗣用了一个晚上的时间，编成了这部思路通畅、人人可读的绝佳好书《千字文》。它是世界上最早的、也是影响最大的识字课本。每四字一句，韵律和谐，朗朗上口，且简单易懂。

182. 使用人数最多的语言

汉语是使用人数最多的语言，大约有 13 亿人在使用，这个数目是世界上讲英语人数的 3 倍，讲西班牙语人数的 6 倍。在全世界 2 796 种语言中，汉语是最有意义的语言。

183. 使用最广泛的语言

世界上以英语为国语的有英国、爱尔兰、美国、加拿大（除魁北克省）、新西兰等 12 个国家和地区。另外，把英语作为官方或半官方语言的国家有 56 个，英语也是各个国家作为交流的通用语言。

184. 最古老的文字

楔形文字是世界上最古老的文字，大约形成于公元前 4000 年，在公元前 1500 年左右成为西亚各国通用的文字体系，是西亚、北非古老民族的苏美尔人创造的。

185. 现存最早的碑刻

《泰山石刻》是世界上现存最早的碑刻。是在秦始皇即位 28 年后，东巡泰山时刻制的。石碑的四面共刻有 22 行，222 个字。其中前 12 行是秦始皇刻的，后 10 行是秦二世刻的。相传，这个石碑是由当年的丞相李斯书写的。

186. 现存最早的名人墨迹

《平复帖》写于晋武帝初年，距今有 1 700 多年的历史了。是迄今现存的年代最久远的名人墨迹。是西晋著名的文学家和著名的书法家陆机给好友写的一封慰问病情的信。有 9 行，86 个字。是用秃笔在麻纸上写成的。

187. 最早的活字印刷

世界上最早的活字印刷是由我国的毕昇于宋仁宗庆历（1041 年—1048 年）年间发明的，主要分为三道工序：制造活字、排版和印刷。作为我国古代四大发明之一，对当时和以后的文化传播和交流起着极为重要的作用。

188. 最早发明造纸术的国家

早在西汉时期的中国，政治统一、经济发展快速，龟甲、兽骨、金石、竹简、木板这些以往的记录材料已无法满足人们的需求，这时，智慧的中国人民就用火麻和少量苎麻的纤维制成了植物纤维纸，这就是最早发明的造纸术，迄今已经有 2 000 多年了，所以中国是最早发明造纸术的国家。

189. 最名贵的肖像画

达·芬奇的《蒙娜丽莎》是世界上最名贵的肖像画。达·芬奇是意大利文艺复兴时期最杰出的画家之一，《蒙娜丽莎》是他的代表作。《蒙娜丽莎》现保存在法国的卢浮宫博物馆里，同其他 16 世纪的作品一起被展出。来自世界各地的艺术爱好者，都不惜千里迢迢来一睹《蒙娜丽莎》的"庐山真面目"。据说，卢浮宫最近宣布：将为《蒙娜丽莎》单独开辟一个展室，以满足广大参观者的需要。

190. 最大的油画

丁托列托的《天堂》是世界上最大的油画，高 10 米，宽 25 米。这幅画中，总共有 700 多个人物。丁托列托是意大利文艺复兴时期的重要画家之一。《天堂》是他在 1509 年完成的。

191. 古代规模最大的风俗画

《清明上河图》是世界上规模最大的古代风俗画，是北宋的张择端的著作。《清明上河图》高 22.5 厘米，长 525 厘米，采用长卷的形式。《清明上河图》描写的是汴京清明时节的繁荣景象，也是北宋城市经济情况的写照。画中的人物有 500 多个，也包括牲畜、车船和房屋等，结构严密紧凑且层次分明，主要以村郊、河道、城市为主，描绘细腻，具有极高的史料价值。

192. 最古老的画种

中国画，简称国画，具有悠久的历史，早在我国的春秋战国时期就已形成。是世界上的著名画种之一，它以其独特的风格在世界美术领域中享有盛誉。

193. 作品最多的画家

毕加索生于西班牙，自幼便受到艺术熏陶，在美术学院接受过严格的绘画培育，这为他以后的绘画生涯打下了良好的基础。具有高超绘画技术。所以，毕加索在近 80 年的艺术生涯里，共创作和设计了约 13 500 幅画（含版画）、10 万件雕版、3 400 幅书刊插画。晚年的他还创作了大量雕刻和陶器等，是作品最多的著名画家。

194. 最早的漫画家

威廉·荷加斯是雕版学徒，是英国著名的油画家和版画家。早年创作了《妓女生涯》和《浪子生涯》。不过他最著名的代表作则是在 1743 年至 1745年，用 6 幅油画组成的连环组画《时髦婚姻》。在艺术领域中，人们通常把《时髦婚姻》看作漫画的雏形，所以把荷加斯称为"最早的漫画家"。

195. 最古老的国歌

世界上最先有国歌的国家是荷兰。继荷兰国歌问世以后，各国争相效仿，产生了风格各异的国歌。荷兰国歌《威廉·凡·拿骚》歌词创作于 1568 年前

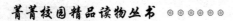

后，曲调产生于 1572 年之前。

196. 最古老的大型乐器

世界上最古老并且保存完好的大型乐器就是我国的编钟，它是在战国早期的曾侯乙墓中发掘的。这套编钟共 65 件，重 2 500 多千克，都是由青铜铸造，设计精巧。这套编钟虽然在地下埋藏了 2 400 多年，但音乐性能至今良好，编钟音质纯正、音色优美、音域宽广。能演奏古今各种乐曲。被誉为"世界奇观中独一无二的珍宝"、"古代世界的第八奇迹"，凝聚着古老中华民族的智慧，是我国古代科学技术的结晶。

197. 最古老的乐器

浙江余姚河姆渡遗址中发现的 160 件骨哨，是截取鸟禽中段肢骨加工而成的。是迄今为止人们发现的世界上有据可查的最为古老的乐器，从而反映了那时人们的智慧。

198. 最大的乐器

世界上最大的乐器是管风琴。现收藏在美国新泽西州大西洋城的会议大厅里。该乐器制作于 1930 年，共有 33 112 支用于发音的风管，7 排键盘。这样巨大的管风琴，因为无法靠人力来演奏。因此，人们专门为它安装了一台 365 马力的鼓风机，采用液压传动装置操作，实在堪称一绝。

199. 最早的戏曲

角抵百戏又名角抵戏、角抵奇戏，有时也简称"角抵"，是世界上最早的戏曲。它是我国古代文化、艺术、体育的综合表现戏曲，西汉中叶以后，角抵百戏十分盛行。也正是在这个时候，角抵百戏开始用于招待外宾。这不但显示了我国当时的国力，而且大大促进了我国各民族之间与外国之间的文化、艺术、体育的交流。

200. 最长的古典交响曲

奥地利音乐家马勒（1860 年—1911 年）所创作的《第三交响曲 D 调》是古典交响曲中最长的一曲。仅第一乐章就用了 45 分钟，远远超过了贝多芬《第五交响曲》的全部长度，演奏完 6 个乐章需要 1 小时 34 分钟。

201. 最早运用舞谱的国家

我国是世界上最早拥有舞蹈艺术的国家之一，更是世界上最早运用舞谱的国家。人们在敦煌石窟中就发现了晚唐和五代的舞谱残卷。当时记录的一些舞蹈动作虽然简单，却很形象生动，易于理解和表演，这也是世界上记载的现存最早的舞谱，所以此后就有很多舞者依次效仿，出现了现代花样众多的舞蹈。

202. 演出时间最长的芭蕾舞曲

《睡美人》是世界上演出时间最长的芭蕾舞曲，是由俄罗斯作曲家柴可夫斯基创作。《睡美人》的演奏时间长达 5 个多小时。

203. 演出时间最长的歌剧

世界上演出时间最长的歌剧是德国作曲家瓦格纳编剧并作曲的 3 幕歌剧——《纽伦堡的名歌手》。这部歌剧在正常不间断的情况下演出需要 5 小时15 分钟。

204. 上演率最高的歌剧

歌剧《卡门》是一部以合唱见长的歌剧，完成于 1874 年秋，是法国著名作曲家比才的最后一部歌剧，也是当今世界上上演率最高的一部歌剧，展现了比才卓越的艺术才华。

205. 最早的歌剧

《达夫尼》是音乐史上的第一部称为歌剧的作品，由诗人里努奇尼和作曲家佩里、卡奇尼创作，1597 年上演。可惜这部歌剧没能留传下来。1600 年，这 3 个人又合作创作第二部歌剧《尤丽狄西》，是世界上现存最早的歌剧作品。

206. 最早的爵士乐队

1915 年在美国出现了世界上最早的爵士乐队，他们的激情演奏震撼了整个音乐界，自此以后，没有任何一种音乐能以如此震撼力风靡音乐界。爵士乐源自居住在美国新奥尔良的黑人音乐，它具有激情、疯狂的节奏，最初是以伴舞乐队出现的，后来才慢慢兴起。

207. 谢幕次数最多的歌唱家

世界著名的男高音歌唱家帕拉切多·多明戈，是当今首屈一指的歌坛名人。1983 年 7 月 5 日，奥地利维也纳国家歌剧院演出普切尼的歌剧《波希米亚人》，多明戈的表演特别出色。多明戈高亢嘹亮的嗓音震撼了每一位在场观众，演唱结束后，观众心情激动，欢呼着以雷鸣般的掌声来表达对多明戈的崇拜和敬仰，掌声长达 1 个半小时，多明戈谢幕达 83 次，成为歌剧史上歌唱演员所获得的最高荣耀。

 ## 208. 最著名的话剧团

英国莎士比亚话剧团是世界最著名的话剧团，一直被公认为是莎翁著作及其他古典戏剧作品最权威的演绎者。剧团力求吸引最优秀的艺术家，从而不断提升剧团的品质，为世界各地不同年龄的观众带来持久性的艺术享受和欢乐。事实也证明他们的确以杰出的艺术成绩、一流的表演技术和通俗易懂的风格博得了广大观众的喜爱，赢得了良好的国际声誉。

209. 登台最少的演奏家

《二泉映月》，大家再也熟悉不过，它那凄美、动人的音乐，扣人心弦，让人回味。他的创作者是个盲人，艺名阿炳，出生于无锡，原名华彦钧，20多岁时，患了眼疾，又死了父亲，由于无钱治疗，他的眼病不断恶化，最后导致双眼相继失明。在旧社会，由于出身卑微，他一直没有登台表演的机会。在 1951 年无锡市的一次春节晚会上，这位饱经磨难的老艺术家终于获得了登台演出的机会。这次演出让他高超的演奏技巧和坎坷的身世迅速传遍了大街小巷。不久以后，他就去世了，这次演出成为这位伟大艺术家的绝响。

210. 最年轻的音乐家

1981 年，年仅 11 岁的司格罗斯在雅典为 5 000 多名观众演奏钢琴，一举为自己赢得了希腊"民族音乐家"的称号。第二年，雅典音乐学院任命他为音乐教授，消息一经传开，顿时轰动整个欧洲。英国的著名报纸《镜报》称他为"自莫扎特以来最富于音乐天赋的神童"。司格罗斯也因此成为当时世界上最年轻的音乐家。

211. 最流行的雕刻作品

古希腊的《米洛斯的阿芙罗蒂德》是最著名的雕刻作品。它在巴黎卢浮宫，雕像高两米，是一尊优美的女性半裸体像。她面容甜美，亭亭玉立，整个雕像都呈现出女性特有的曲线美、优雅美。据专家研究，维纳斯雕像身体各部分匀称而合乎比例，且是一个完美的地中海地区的美女形象。可惜雕像在发现的时候已经失去双臂。不少人绞尽脑汁揣测原来两臂的姿势，可是，这很难得出满意答案。

212. 最大的金属雕像

美国纽约港口的自由女神雕像是目前世界上最大的金属雕像。自由女神穿着古希腊风格的服装，头戴雕有象征世界七大洲的七道光芒的皇冠。雕像的总高度 93 米，雕像内装有 100 多级旋转式扶梯，直至雕像的头顶或火炬的底座，登上去可饱览纽约全城风貌。自由女神雕像是法国在美国独立 100 周年时送给美国的礼物，作为两国人民友谊长存的象征。

213. 最古老的大型雕像

斯芬克斯狮身人面像在哈扶拉金字塔的南面，距胡夫金字塔约 350 米。这尊斯芬克斯像是世界上最大、最著名的一座，而且雕像是由一整块巨型岩石雕制而成。斯芬克斯石像身长约 73 米，高 21 米，脸宽 5 米。

214. 最高的塑像

世界上最高的塑像就是前苏联伏尔加河岸边的"祖国母亲"塑像。这是为纪念第二次世界大战中在斯大林格勒保卫战中壮烈牺牲的苏军英雄而建的。

塑像塑造了一位坚强的妇女，右手紧握锋利的宝剑，举向天空，勇敢地向前走去的烈士形象。塑像身高 52 米，连顶端的宝剑高有 85 米，台基高 16 米，重量达 6 000 吨。这座塑像是采用钢筋水泥材料于 1967 年建成的，富有纪念意义，吸引了各国的游客前来观看这位伟大的"祖国母亲"。

215. 最大的铜佛

我国西藏日喀则的扎什伦布寺内有一尊金光闪闪的"强巴"（藏语，即未来）佛。这是 1914 年九世班禅亲自主持铸造的强巴佛。强巴佛高 26.2 米，肩宽 11.5 米，面宽 4 米，耳长 2.2 米，是当今全球最大的铜佛，铜佛所披袈裟也是最大的。耗费铜 115 千克，黄金 297 千克，大佛眉宇间镶有一个特大钻石，其他蚕豆大的钻石就有 30 多颗，珍珠、琥珀、珊瑚、松耳石有 1 400 多颗，其余的珍贵装饰品更是难计其数。

216. 最久远的大型石刻佛像

历史上，开化寺是晋阳地区的皇家佛教活动中心。西山大佛就是开化寺遗物，它位于山西太原西南 20 多千米处的蒙山南麓，凿于北齐天保二年（公元 551 年）。西山大佛高约 64 米，比四川乐山大佛略低，但开凿年代要早 162 年。此佛像迄今已经有 1 400 多年的历史了，是世界上最早的大型石刻佛像，吸引了大量的游客前来观赏。

217. 佛像最多的地方

云冈石窟，位于我国山西大同市西 15 千米处。是北魏的遗物，距今已有 1 500 多年的历史。洞窟群是东西走向，绵延 1 000 米，有佛洞 53 个。洞内佛像很多，最小的只有几厘米，最大的达 17 米；有合像，也有罕见的释迦牟尼从诞生到成佛的连环像。佛像姿态各异，栩栩如生。据统计，全窟各洞大大小小的佛像多达 5.1 万个，是世界上佛像最多的地方，甚是壮观，让人赞叹。

218. 最大的石刻坐佛

世界上最大的石刻坐佛是我国四川的乐山大佛。乐山大佛在唐朝时期开凿，经过90多年才凿成。大佛是一尊弥勒佛坐佛，坐东向西，位于岷江南岸凌云山的崖壁上。这尊雄伟的佛像高71米，头顶上的头发共有1 021个螺髻，每个螺髻间都可以放下一张大圆桌。大佛的肩宽28米，耳朵长7米，脚背宽8.5米。1996年12月6日，乐山大佛被联合国教科文组织批准为"世界文化与自然遗产"，正式列入《世界遗产名录》。

219. 铭文字数最多的大钟

被誉为世界"钟王"的永乐大钟位于我国北京大钟寺内。每年新年的钟声响起时，方圆几里都可以听得到。"钟王"高5.5米，下沿口径3.3米，重约46吨，钟身内外遍铸着23万余字的汉文、梵文佛学经咒，所以成为世界上铭文数最多的大钟。

220. 最重的钟

沙皇钟是世界上最重的钟。这个钟重约200吨，高6.14米，直径6.6米，最厚的部分有67厘米，堪称世界钟王。沙皇钟是由莫托陵父子俩于18世纪铸造的。

221. 最大的电影生产基地

100年前，好莱坞只不过是美国加利福尼亚州洛杉矶郊外的一个不起眼的小村庄，但现在已经成为世界上最大的电影生产基地。美国最大的电影公司，如派拉蒙、米高梅、哥伦比亚、雷电华、华纳兄弟、20世纪福克斯、环球等都设在这里。许多演员就是在这里从默默无闻的小人物变成了大名鼎鼎的明星，好莱坞也成就了很多艺人的梦想和追求目标。

222. 国际卫星电视规模最大的国家

美国是个发达的国家同时也是世界上国际卫星电视规模和影响力最大的国家。它通过卫星可以把节目传送到 128 个国家的 190 个城市。这样，各个城市的观众就能够通过当地电视网的转播收看到美国节目了。现在全球的卫星电视节目就有 300 多套，其中一半以上来自美国。

223. 最早的无线广播电台

美国的 KDKA 广播电台是由西屋电气公司在匹兹堡创办的，也是第一个向政府领取营业执照的电台。1920 年 11 月 20 日，KDKA 电台进行了第一次大广播，通常被认为标志着世界广播事业的诞生。所以 KDKA 广播电台也成了世界上最早的无线广播电台。

224. 最早的电脑三维动画片

1995 年，美国迪斯尼公司导演了世界上唯一一部使用电脑三维技术制作的大型动画片——《玩具总动员》，此片播出后，立即风靡全球，票房收入将近 4 亿美元。影片获得了 1995 年度奥斯卡音乐大奖及金球奖最佳影片、最佳原著音乐等多项大奖，导演约翰·莱塞特也因此获得了当年奥斯卡特殊成就奖。自此，各大动画片公司也纷纷开始制作三维动画片。

225. 最早的水墨动画片

世界上最早的水墨动画片是我国的《小蝌蚪找妈妈》。它是 1960 年由上海美术电影制片厂制作的，讲述了一群小蝌蚪寻找妈妈的历险故事。在 1961 年第 41 届洛迦诺国际电影节上，该动画片受到如潮的好评，获得了短片银帆奖。1978 年，在第三届萨格雷布国际动画电影节又荣获一等奖。评论家普遍认为该部影片以优美的画面和诗一样的意境，使动画艺术进入更高的逼真境界，是世界动画电影史上的经典之作。

226. 最早的动画电影

动画大师沃尔特·迪斯尼在 1937 年推出了根据《格林童话》改编的动画片《白雪公主》，是世界上最早的一部动画电影，也是世界上第一部彩色动画电影。这部长达 84 分钟的动画片是沃尔特·迪斯尼的心血之作，前后创作了 4 年，耗资 150 万美元才完成。

227. 最早的动画片连续剧

1952 年，日本光文社的《少年》漫画杂志开始连载《铁臂阿童木》，由于受到读者的热烈欢迎，竟然到了 1968 年 3 月才结束连载，长达 16 年。它的作者日本著名的漫画家手冢治虫，也被人们亲切地称为"阿童木之父"。1963 年，《铁臂阿童木》被改编成 52 集电视动画片连续剧。

228. 最早的有声影片

电影自 1892 年诞生后的很长一段时间内，是没有声音的，因此这段时期也被称为无声电影。1927 年，美国著名的华纳兄弟制片公司解决了这个难题，并推出了人类历史上第一部有声电影——《爵士歌王》，也是电影史上第一部音乐片。它标志着有声电影时代的来临，也是电影走向成熟期的标志，同时永远告别了"无声时代"。

229. 最早的电视剧

1930 年 7 月，英国广播公司播出了皮兰代罗的多幕电视剧《嘴里叼花的人》，它是世界公认的最早的电视剧。这部电视剧中，屏幕不仅上出现了演员的动作和对话，而且实现了声音和画面的同步播放，揭开了电视剧制作的序幕。

 ## 230. 最早的迪斯尼乐园

提到游乐园，是让孩子们能够兴奋的事情。美国加利福尼亚州的洛杉矶迪斯尼乐园是世界上最早的迪斯尼乐园。1955 年 7 月，沃尔特·迪斯尼把动画片中常运用的色彩、动画、魔幻等表现技巧与游乐园的构造相吻合，耗资 1 700 万美元，从而成功地创建了迪斯尼游乐园。它占地面积约 2 万多英亩，共有 50 多个游乐场，是孩子们的游玩天堂。

 ## 231. 最早的国际电影节

电影已经成为我们生活中的一部分，那么早在 1932 年创办的威尼斯国际电影节可算是世界上历史最悠久的国际电影节了，被誉为"国际电影节之父"，迄今已有 70 多年的历史了。电影节的宗旨是促进国际电影交流，提高电影的艺术水平及技术水平。

 ## 232. 历史最久、规模最大的电影奖

世界上历史最久、规模最大的电影奖是奥斯卡奖，它的全名为"美国电影艺术与科学学院奖"。1929 年 5 月，美国电影艺术与科学学院为了促进电影艺术、技术及质量的提高而设立了该奖项，奖品是一座小金像，造型为一名

手持长剑的武士站在电影胶片盘上。它已成为众多演员所追求的奖项。

233. 最早刊登天气预报的报纸

天气预报已是每个人每天必须知道的一项信息，所以在今天，人们看报纸的时候留心天气预报，已经成为一个再平常不过的习惯了。事实上，以前的报纸并没有天气预报，世界上最早刊登天气预报的报纸是英国的《泰晤士报》。1875 年 4 月 1 日，伦敦的《泰晤士报》刊登了天气预报，虽然只有几个简短的字，但仍然引起了不小的反响。由于当时传播和大气探测技术不是很先进，所以早期的天气预报很难做到精确，往往使用意思模糊的词语，如"晴间多云，偶有阵雨"等。天气预报完全不准确的事情也时常发生，明明预报天气晴朗，却下起了倾盆大雨，所以当时有很多人都不相信报纸上的天气预报，顶多拿它作个参考。

234. 最早的报纸

报纸是我们现代人生活的一部分，岂不知早在 2000 多年前的西汉就已经有报纸了。我国的《邸报》是世界上最早发行的报纸，是当时古代宫廷发布消息的政府机关报。为了加强中央政府和地方政府的联系，各地方政府就在京城设立了相当于办事处的联络机构，叫做"邸"，邸中的官员被称作"邸吏"，《邸报》就是由邸吏负责定期发行的。其主要内容为皇帝的谕旨、诏书、大臣的奏议等官方文书和京城近来发生的重大事件。

235. 发行量最多的报纸

《读卖新闻》是世界上发行量最多的报纸。自 1874 年 11 月该报在东京创刊以来，迄今已有近 130 年的历史了。从 1977 年开始，它就是世界上发行量最多的报纸。1999 年 3 月，发行量达到 1 442 万份。报纸每天出版早报和晚报两种，早报 28～32 页，晚报 16～24 页。

236. 销量最多的杂志

美国的《读者文摘》是世界上销量最多的杂志。1922 年，华莱士夫妇俩凭借 1 800 美元的资本在纽约一家小酒店的地下室创办了这本杂志。第一期采用的是邮购方式，每本 25 美分，由 31 篇文章组成，印数为 5 000 份。1939 年，杂志发行量已达到 300 万份，并开始出版英国版。目前，它每年出版 48 期，用 19 种语言在 60 多个国家出版发行，月发行量近 2 800 万册，年销 3 000 多万本，读者达到 1 亿人左右。

237. 发行量最多的新闻周刊

美国《时代》周刊是世界上发行量最多的新闻周刊，也是美国最具权威的国际性时事周刊。它是 1923 年 3 月由刚从耶鲁大学毕业的布里顿·哈顿和亨利·鲁斯一起创办的。《时代》创刊号发行 9 000 份，第二年每期发行就达 70 000 份。20 世纪 40 年代，《时代》已成为一份影响美国公众舆论的重要杂志。20 世纪 70 年代，《时代》成为世界上发行量最多的新闻周刊。现在，它每周的发行量已经超过了 600 万份，遍及全世界的多个国家和地区。

238. 最早的通讯社

哈瓦斯通讯社是世界上最早的通讯社。1835 年，通讯社在法国巴黎成立，由于创办人是查理·哈瓦斯，因此命名为哈瓦斯通讯社。

239. 最大的报纸消费国

根据 2003 年世界报业协会统计的数字，我国是目前世界上最大的报纸消费国，日发行量达到 8 200 万份。仅次于我国的是日本，印度名列第三，第四位是美国。

240. 最早的算盘收藏家

算盘是我国发明的，迄今已经有 3 000 多年的历史了。世界上最早的算盘收藏家是我国上海的陈宝定先生。陈宝定业余收藏的算盘工艺品已有 800 多种，现在已经成立了我国第一家私人算盘收藏馆。

241. 收藏威士忌最多的人

在意大利的布雷西亚，爱德华多·吉阿科恩收藏了 5 520 瓶威士忌。并且这些威士忌都是没有打开的原装酒，其中包括有波旁威士忌和爱尔兰威士忌。

242. 最大的历史博物馆

世界上最大的历史博物馆是英国伦敦的大英博物馆。这座博物馆建立于 18 世纪中叶，1759 年正式对外开放。大英博物馆中不仅拥有珍贵的文物，还珍藏着丰富的书刊资料。这些书刊资料许多都是世上仅存的珍本。大英博物馆中陈列收藏的世界各国的历史文物，反映了全人类的文明，是重要的世界文化宝库。

243. 最早的国际博览会

世界上最早的国际博览会是在 1851 年举行的伦敦国际博览会。当时，维多利亚女王为了显示英国强大的实力，所以决定在伦敦海德公园举办一次盛大的展览会，为此她还特意建造了用于展览的"水晶宫"。这次展览会共有 10 多个国家参加，共展出了 1 400 多件艺术珍品和时尚珍品，从而促进了各国之间文化与商品友好交流，开了国际博览会的先河。

244. 玩具最多的博物馆

世界上最大的玩具博物馆是德国纽伦堡的玩具博物馆。博物馆里有公元前1500年的巴比伦玩偶，3000年前制作的埃及木玩偶，希腊的泥娃娃，法国的瓷制娃娃，英国的蒸汽火车头，中国的大阿福泥塑和风筝等古老玩具。这些古老的玩具蕴涵着深厚的民族文化和人类智慧，有很多一直流传到今天，现今每年都有大批的小孩和成人来纽伦堡玩具博物馆参观。

245. 迄今最早的蜡像馆

伦敦杜莎夫人蜡像馆是著名的蜡像馆，也是世界最早的蜡像馆。这个蜡像馆是在1835年建立的，历史悠久。蜡像馆中摆列着许多历史名人的蜡像。主要有：英国的伊丽莎白女王、维多利亚女王、丘吉尔首相、撒切尔夫人，法国的拿破仑国王、戴高乐总统，美国的林肯总统，印度的圣雄甘地，还有著名的科学家富兰克林，作家莎士比亚、狄更斯，画家毕加索等等。杜莎夫人蜡像馆已在香港开设了分馆，分馆里面展出的蜡像也超过了100尊，其中既有国际名人，也有本地的名人，是香港著名的旅游景点之一。

246. 最大的美术博物馆

卢浮宫美术博物馆汇聚了从古代埃及到19世纪全世界著名的艺术珍宝，总藏品达400万件，其中20万件是美术作品。馆中许多珍品，如达芬·奇画的举世闻名的《蒙娜丽莎》、拉斐尔的《圣母的婚礼》、维纳斯的雕像等等都收藏在卢浮宫美术馆。

247. 收藏报纸最多的报纸博物馆

亚琛报纸博物馆在德国的历史文化古城亚琛，是收藏报纸最多的报纸博

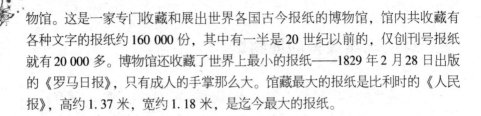

物馆。这是一家专门收藏和展出世界各国古今报纸的博物馆，馆内共收藏有各种文字的报纸约 160 000 份，其中有一半是 20 世纪以前的，仅创刊号报纸就有 20 000 多。博物馆还收藏了世界上最小的报纸——1829 年 2 月 28 日出版的《罗马日报》，只有成人的手掌那么大。馆藏最大的报纸是比利时的《人民报》，高约 1.37 米，宽约 1.18 米，是迄今最大的报纸。

248. 博物馆最多的国家

美国是全世界博物馆最多的国家，拥有各类博物馆约 500 个，年观众量达 2 亿人次。博物馆的性质也各种各样，自然、历史、航空、航天、艺术、美术、工业等，都有专门的博物馆，并且设有专门的机构来统筹和管理。

249. 最大的航空航天博物馆

位于华盛顿市独立大街上的美国航空航天博物馆是目前世界上最大的航空航天博物馆，也是航空和航天技术方面收藏品最丰富的博物馆。博物馆设有 23 个展览厅，整个馆内陈列了 240 架飞机、40 个空间飞行器、50 枚导弹和火箭的实物展品，而且主要展出以原机或备用品为主，只有很少一部分是复制品。它自 1976 年建成后，每年都要接待将近 1 000 万名游客。

250. 最大的遗址博物馆

秦始皇兵马俑博物馆位于西安临潼县城的骊山脚下，渭水河边，是世界上最大的遗址博物馆。秦始皇兵马俑博物馆于 1979 年在兵马俑坑的发掘遗址上建立。目前整个博物馆占地面积近 200 万平方米，设有文物陈列室、铜车马展览馆，以及 3 个遗址展厅，全面展现了秦始皇陵陪葬坑中气势雄伟的原貌，重现秦始皇当年百万雄师横扫天下的气魄。

251. 最大的地下博物馆

意大利的庞贝古城是在非常偶然的情况下形成的。公元79年8月24日下午1时左右，那不勒斯湾地区的维苏威火山突然爆发，山下的庞贝城刹那间被全部淹没。从此古城被掩埋到地下约有1 600多年之久，直到18世纪才被发现，所以是世界上公认的最大的地下博物馆。

252. 最早的间谍博物馆

美国的国际间谍博物馆是世界上最早的间谍博物馆。它位于华盛顿特区，总面积达5 400平方米，在2002年7月19日正式开始对外开放，希望以这种方式向公众介绍有关间谍的知识。博物馆设有间谍学校、历史中的秘密历史、人群中的间谍、间谍战、面目全非等20多个展厅，陈列了600多种展品。

253. 最大的陨石博物馆

目前世界上最大的陨石博物馆是吉林陨石博物馆，同时也是中国第一个以展出陨石为主题的博物馆。馆内共收藏有陨石标本138块，碎块3 000余块，总重2 616千克。此外，博物馆还保存了全世界十几个国家赠送的各类陨石标本。吉林陨石博物馆内收藏的陨石规模之大，数量之多，形状之奇，标本收集之丰富，都实属世界罕见，为人类研究太空提供了有力的标本。

254. 最早的灯文化博物馆

世界上最早的关于灯文化的专业博物馆是中国彩灯博物馆。它建于1992年，专门收集、保护、研究和展示中国彩灯的博物馆。博物馆位于四川省自贡市彩灯公园内，占地2.2万平方米。馆内设有序厅、灯史厅、风情厅以及自贡彩灯厅等多个展览厅，各厅层次分明，布局独具匠心，充分展现出了中国灿烂古老的灯文化。

255. 最硬的物质

金刚石，就是我们俗称的钻石。它不仅是世上最美丽的矿物质，而且也是硬度最强的物质，因为自然界目前还没有发现其他物质的硬度可以与金刚石相媲美，用途很广。我们在各大商场见到的装饰品、戒指、项链等，都要用到金刚石。

256. 最早的显微镜

最早的显微镜诞生于 16 世纪末期的荷兰，它的发明者是一对父子——眼镜商札恰里亚斯·詹森和他的儿子江生。江生每天都在和镜片打交道。有一天，江生像往常一样拿起两片大小不同的镜片摆弄着。当他把两个镜片放置在适当的位置时，突然很多小东西变得很大。父子俩没有见过这一现象，随即研究起来。最后他们将两个不同的镜片安装在不同口径的小铁桶里，使两个镜片间的距离可以随意调整以观物象。就是这样，世界上最早的显微镜诞生了。

257. 最早的温度计

世界上最早出现的温度计是意大利物理学家、天文学家伽利略于 1603 年发明的。它的底部为球状的玻璃管，管外标有刻度。测量外界的温度时，先用双手握住玻璃管的底部，使球体内部的空气因为受热膨胀而溢出一部分。然后把玻璃管倒置于水中，放开手使管内空气受冷收缩，这样水就被吸入玻璃管，玻璃管上刻着的刻度就反映出了被测物体的温度。由于周围温度的变化，玻璃球内的空气热胀冷缩，使管内的水柱也随之升降。这样，就可以通过玻璃管上的刻度读出当前温度。因为这种温度计是利用气体热胀冷缩的原理来工作的，所以，人们称它为空气温度计。

258. 最早发现自由落体定律的人

意大利伟大的物理学家和天文学家伽利略，是最早发现自由落体定律的人。1590 年，伽利略在意大利的比萨斜塔上进行了一次惊世骇俗的事情，这就是闻名于世的"两个铁球同时落地"的实验。他把两个特制的、大小不一的铁球带到塔的最高处，让它们当着千余名观众的面自由下落，没想到的是，两个铁球是同时落地。伽利略说这种现象证明了世间万物都是在地球引力下做自由落体运动，它们下落的速度跟质量和重量、体积无关。

259. 最早发现雷电秘密的人

1772 年夏天，富兰克林冒着生命危险，进行了物理学历史上一次空前的实验，这就是著名的"费城实验"。在一个雷电交加的晚上，富兰克林将一只风筝放到空中，当闪电来临时，他感觉到了电流通过风筝线传到了手上。这是人类第一次直观地感受电的存在。通过这一实验，富兰克林发现了雷电在本质上是一种大规模的放电现象，是最早发现了雷电的秘密的人。推翻了有神有"雷公"的迷信说法，为科学的发展做出了重大贡献。

260. 最早获得诺贝尔物理学奖的科学家

诺贝尔奖是所有奖项中的最高级别。世界上第一个获得诺贝尔物理学奖金的人是德国物理学家威廉·康拉德·伦琴。他通过实验发现了 X 射线的存在，为以后 X 射线在多个领域的运用奠定了良好的基础。为了表彰他的这一杰出贡献，瑞典皇家科学院于 1901 年 11 月 12 日在斯德哥尔摩授予他最高荣誉诺贝尔物理学奖。

261. 最早证明大气存在的人

世界上最早证明大气存在的人是德国物理学家格里凯。

格里凯于 1654 年 5 月 8 日在德国马德堡进行了一个历史上赫赫有名的实验——马德堡半球实验。格里凯把两个直径为 30 多厘米的铜制空心半球抽成真空密封合拢后，同时用 8 匹马拉竟然也没能拉开。由此证明了空气是一种实在的物质，大气压力是完全存在的。

262. 最早的手洗洗衣机

世界上第一台洗衣机是由汉密尔顿·史密斯于 1858 年在美国的匹茨堡研制成功的。

这台洗衣机的构造基本同我们今天使用的洗衣机大致相同。它的主要构造部件是一只用来盛放脏衣服的圆桶，桶内装上一根带有桨状叶子的轴，可以用来搅动衣服。洗衣时，摇动和轴相连的曲柄，就可以使轴转动来洗衣服。这种手摇的洗衣机开启了现代的"洗衣机"时代。

263. 最早的空调机

世界上最早的空调机是由多西研发的。1881 年的夏天，美国总统加菲尔德在首都华盛顿遇袭，当时生命垂危。可是偏偏这时华盛顿又出现了历史罕见的高温，如果温度降不下来，总统就有生命危险。为了挽救总统的性命，技术工人多西自告奋勇，开始研究怎样给病房降温。多西是个矿工，他注意到在给矿井通风的过程中，空气收缩时就会放出热量，而在膨胀时就会吸收热量。多西利用这一现象，先将空气进行压缩冷却，然后再让它膨胀吸热，终于成功地把病房温度降到了 25℃ 左右。就这样，总统的性命幸存了下来。

264. 最早的家用电冰箱

电冰箱是每个家庭必备的家用电器，世界上第一台家用电冰箱生产于1923 年，它的发明者是瑞典的工程师——浦拉腾和孟德斯。他们利用压缩机的工作原理，通过蒸发一种压缩的流体来达到制冷效果，为食物保鲜。另外，与以往的机械式制冷设备不同的是，这台电冰箱第一次使用了电动机来带动压缩机进行运转，是真正的电冰箱。

265. 最早的微波炉

1945 年，美国工程师珀西·斯潘塞在进行实验时，发现了一个十分有趣的现象。他实验所用的磁控管竟然把装在上衣口袋中的一块巧克力融化掉了。斯潘塞对这种现象产生了极大的好奇心，他发现原来是磁控管产生的大量的微波能量把巧克力融化了。于是，他就利用这种微波能量设计了一种新式的烹饪炉具。不久，在他的实验室中就诞生了世界上第一台微波炉，因为那个实验室是用来研究雷达的，所以斯潘塞就把它称为"雷达炉"。

266. 最早的电灯

世界上第一盏电灯诞生于 1879 年 10 月 21 日，它是由美国科学家、发明家爱迪生发明的。爱迪生把碳放入灯泡里进行试验。实验结果表明，在当时的条件下，碳比任何别的金属更适合用来充当灯丝。接着，爱迪生就用碳化卡纸延长了电灯的寿命，并且降低了生产成本。

267. 最早的电话机

1875 年，苏格兰青年贝尔发明了世界上第一部电话机。这部电话机是利用金属片的振动产生感应电流，电信号传到导线另一头经过类似的转换变成声信号，实现远距离通话。虽然当时他只是让处于两个不同屋子里的人通过这部电话机进行沟通，效果不是很好，不过，这个发明却成为人类今后通讯事业的发展"引航灯"，如今畅通高科技的通讯方式已经彻底改变了我们的生活。

 ## 268. 最早的留声机

1877 年，爱迪生根据电话传话器的原理，通过振动与发声的关系，研制出了一台机器，这台机器形状十分奇特，由一个大圆筒、曲柄、受话器和膜板组成，爱迪生把它称为"会说话的机器"，这就是最早的留声机。这项发明震撼了全世界，被誉为是 19 世纪最令人兴奋的三大发明之一。

 ## 269. 微型打印机

Print Dreams 公司最新研制并开发的微型打印机是目前世界上最小的打印机。这台微型打印机只有一支普通圆珠笔一样的长度，宽度和厚度也与一般的手机差不多，重量只有 350 克，握在手中非常轻巧。这个小小的打印机是世界上唯一能够独立完成工作的微型打印机。

 ## 270. 最早的自动取款机

世界上最早的自动取款机出现在 1967 年的英国米德尔赛克斯郡，被安装在安菲尔德的巴克莱银行，它的发明人是约翰·谢泼德拜伦。自动取款机的出现使人们的生活更加便捷，后来就慢慢地在各大银行推广开来。

 ## 271. 最早问世的软盘

世界上最早的软盘出现在 IBM 公司。1971 年，IBM 公司的工程师在阿兰·舒格特的带领下，共同研制出了世界上第一张软盘。由于这种盘的柔韧性非常好，也因此被命名为"软盘"。

272. 最小的全屏幕电脑

世界上最小的全屏幕电脑产于日本的 IBM 分公司。这个名为"Wearable"的电脑拥有一个和随身听差不多大小的主件，而电脑的屏幕的面积也只有 1.5 平方厘米，和小块的巧克力差不多。在使用的时候，用户需把屏幕放置在离眼睛 3 厘米的地方，就可使观看的效果和普通的全屏显示器一样。

273. 最轻的化学元素

氢气是所有气体中最轻的，它无色、无味、无臭，也是所有化学元素中最轻的。在标准条件下，氢气的密度只有每升 0.089 克。在工业方面用途很广。

274. 最重的金属

锇是一种灰蓝色金属，很坚硬，它是世界上所有金属中最重的，每立方厘米锇重量可达 22.7 克。我们平时认为很重的金属如铁、铅等物质，跟它比起来也简直是小巫见大巫。同样体积的铁的重量只有锇的 1/3；同样体积的铅的重量也只有锇的 1/2。锇可用来制电灯泡内的灯丝。

275. 最轻的金属

锂是自然界中最轻的金属元素，银白色，质软。它是于 1817 年被瑞士化学家阿·阿尔弗维特桑在一种叫做中叶石的稀有岩石中发现的。因此，被命名为"lithium"，"锂"是它的中文译名。锂是所有金属中最轻的一种，可制成合金。

002 stop

276. 地壳中含量最多的非金属元素

氧约占空气总体积的1/5，是地壳中含量最多的一种非金属元素，含量为48.6%。我们通常所说的氧，一般就是指氧气，氧气是一种无色无味的气体。氧是参与人体以及各种动植物体的物质代谢和能量代谢的基本物质，是所有生物赖以生存的最重要的气体。另外，氧也能帮助燃烧。

277. 地壳中含量最多的金属元素

铝是我们日常生活中不可缺少的，也是最常见的金属之一。我们平时所用的锅和盆子等日常用具大多都是用铝制成的。铝的含量占地壳总量的7.73%，比铁的含量还要多上1倍，大约占地壳中金属元素总量的1/3，是地壳中含量最多的金属元素。铝属银白色，有光泽质地坚韧而轻，有延展性，所以也被广泛利用。

278. 酸性最强的化合物

高氯酸是一种无色透明的液体，如果我们把它放在空气中，就会看见一阵浓烈的烟雾，这是高氯酸挥发的结果。高氯酸具有极强的腐蚀性，它的氧化能力让人惊叹，如果把纸、木炭等物质投入高氯酸中，马上就会引起燃烧甚至爆炸，非常危险，所以我们在日常生活中应尽量避开它，必须要使用时一定要加倍小心，以免遭不测。

279. 最早发明元素周期表的人

世界上最早的一张元素周期表是由俄国化学家门捷列夫在1869年3月提出的，他的这个建议为化学界的发展提供了不可估量的贡献。这张表是把那些表面上看来杂乱无章的、毫无规律元素按照一定的次序排列，好让我们能够清楚地看到元素性质的周期性变化，这对研究元素性质的变化起到很重要的作用。

280. 最早发现镭的科学家

居里夫人让人敬佩，她的工作精神让人惊叹。居里夫人的家乡在波兰，后移居法国，获得巴黎大学物理学和数学两个硕士学位。她在前人的基础上和丈夫经过不懈的努力和无数次的失败后发现了两种放射性元素——"钋"和"镭"，并初步测定出了镭的性质。镭银白色，有光泽，质软。在医学界也被有效使用。镭这种金属的发现在20世纪产生了巨大的影响，居里夫人也因此成为世界科学史上一个闪着耀眼光辉的女性。

281. 发现化学元素最多的化学家

世界上发现化学元素最多的人是英国化学家汉弗莱·戴维，他在短短的4年时间里通过实验发现了7种化学元素，其中有钾、钠、钙、钡、镁等重要金属元素，这使戴维成为化学领域中的大赢家。

282. 最早的麻醉剂

世界上最早出现的麻醉剂，是中国东汉时期的名医华佗发明的，当时取名为"麻沸散"，现在叫"麻醉剂"。麻醉剂大家都不陌生，是外科手术中不可缺少药剂。它可以大大减轻病人的病痛，使手术安全顺利地进行，确保病人的安全。

283. 最早进行心脏移植手术的医生

克里斯琴·巴纳德医生出生于1922年，早在1967年他就在南非成功地

为病人进行了医学史上首例心脏移植手术，当时的他只有 45 岁，是现代医学发展史上深受尊敬的一位医学者。

284. 最早做角膜移植手术的人

世界上第一例角膜移植手术是在 1906 年由眼科医生席姆完成的。当时，有位眼睛受伤的病人必须做摘除眼球的手术，席姆认为这些完整的角膜还可以在别人的眼睛上继续存活。于是，席姆就把摘除下的角膜，大胆移植给一个患有角膜溃疡的病人，这个手术最终圆满成功，从而证实了席姆的想法是科学有效的。席姆的这一伟大发现不仅为一个病人带来了光明，也为后来千千万万眼疾病人带来了生命之光。

285. 人体最长和最短的骨头

在人体所有的骨头当中，最长的是股骨，也就是大腿骨。目前世界上最长的一根股骨，是 1902 年发现的，长达 75.9 厘米。人体最短的骨头是镫骨，长在人的耳朵里，镫骨的长度只有 0.3 厘米左右。据统计，成年人有 206 块骨头，婴儿有 305 块骨头，比成人多出 99 块，儿童的骨头比大人多出 11 ~ 12 块。

286. 最早建立的血库

世界上第一个血库是由布达佩斯的医生伯纳德·范特斯在芝加哥库克县医院建立的。在第一次世界大战中，许多受伤的士兵时常因为血液短缺而导致生命垂危，伯纳德·范特斯因此想出了建立血库的想法，他这种想法得到了支持，并挽救了很多的垂危病人。从此，这种做法很快被纽约、旧金山以及迈阿密等大城市仿效和推广开来，挽救了不少的生命。

287. 最早创办护士学校的人

1860 年，南丁格尔用英国政府奖励的捐款，在英国圣托马斯医院创建了世界上第一所正规的护士学校——南丁格尔护士学校。因为她对医疗护理做出了卓越的贡献，所以被后世誉为现代护理教育的领航人。因此，以后的护士学院也雨后春笋般地成立了起来，培养了一批又一批的护士，所以人们都亲切地称她们是"白衣天使"。

288. 死亡率最高的疾病

在现代，人们总是谈"癌"色变，认为癌症就是人类最大的杀手。但如果按照死亡率来算的话，人类最厉害的杀手要属狂犬病了，因为它的死亡率几乎达到百分之百。

狂犬病的潜伏期一般为 2~3 个月。一旦病发，病人就会处于高度的兴奋状态，会出现恐惧不安、怕水、怕风、流口水等症状。这种病的病情发展非常快，一般几天之内就会因为呼吸衰竭、循环衰竭等原因死亡，各国科学家经过 100 多年的努力，已经可以通过接种疫苗来预防狂犬病使一些国家和地区的狂犬病得到非常好的控制甚至消灭。

289. 最早提出生物进化论的人

达尔文是世界上最早提出生物进化论的人。在此之前，人们一直都认为是神或者是上帝创造了宇宙万物，创造了人类。生物进化论的出现，推翻了神话论和物种不变的理论，标志着人类在认识自身的道路上迈出了巨大的一步。

1859 年，达尔文在《物种起源》一书中，全面提出"优胜劣汰、适者生存"的生物进化观，成为生物学上一个重要的转折。之后出版的《动物和植物在家养下的变异》等著作使这种进化论观点得到了进一步丰富和完善。

290. 最早的试管婴儿

世界上第一个试管婴儿出生于 1978 年 7 月 25 日，她的名字叫露易丝，是伦敦的一对夫妇——莱斯利·布朗和丈夫约翰的孩子。露易丝是在奥德海姆中心医院通过剖宫产出生的，露易丝刚出生时大约重 2.6 千克，不过非常健康。

291. 最早的克隆羊

"克隆"在现代生活里已不再是神话，并得到了证实。世界上第一只克隆羊名字叫做"多莉"，它在 1997 年 2 月 22 日诞生。它的诞生给全世界带来的不只是震惊，虽然在它之前已经有过多种克隆动物问世，但它却是第一只无性繁殖成功的动物。所谓"克隆"，就是指生命是在没有精子的参与下诞生的。

292. 最早的热气球

在飞艇和飞机问世之前，热气球是人类用来进行高空飞行最方便的工具，它问世于 1783 年，由蒙葛菲尔兄弟发明的。他们使用了一种细密的纺织物，并在其外表上涂了不漏气的树胶。1785 年，他们在凡尔赛广场进行了热气球升天的公开表演，并取得了很大的成功，他们兄弟的这一发明为今后的航天事业奠定了非常好的基础。

293. 最早的滑翔机

不得不承认人类是万物的主宰，20 世纪德国滑翔机专家奥托·利连撒尔经过多年的研究，终于想出了一种能实现人类自由飞翔梦想的方法。利连撒尔因受到鸟儿飞行的启发，给自己装上了两只"自由飞翔的梦想大翅膀"，并在 1891 年首次滑翔成功。

294. 最早的飞艇

世界上第一艘飞艇是 1851 年法国的发明家亨利·吉法尔研制成功的。这艘飞艇长 44 米，直径 12 米，体积将近 2 500 立方米，外形就好像一支"雪茄"烟。吉法尔把大量的氢气充入气囊，并用一台重 160 千克的蒸汽机做动力来推动螺旋桨。这样，即使遇到了大风，飞艇也可以正常飞行。1852 年，吉法尔驾驶着这架飞艇，以每小时 10 千米的速度在空中连续飞行了 2 个多小时，共约 27 千米，创下了世界上第一艘载人飞艇的飞行记录。

295. 最早的直升机

1939 年，美国人西科尔斯基在科尼尔的基础上，参照凡尔纳科幻小说中有关直升机的描写，成功研制出了世界上第一架能够被人操纵的直升机。这架直升机的机顶有一个巨大的单翼螺旋桨，尾部有一个尾桨，达到机身的平衡效果。作为世界上第一架直升机，它的外形被现代的设计师们所参考和利用，成为直升机家族的"祖先"。

296. 最早的太阳能飞机

1979 年 4 月 29 日，美国飞行员拉里·莫罗驾驶着自己发明的一架轻巧美观的太阳能飞机——"太阳高升号"飞上了 800 米的高空，飞行 1 分钟。这次飞行虽然十分短暂，但却实现了人类一直以来想利用太阳能飞行的梦想，在科学探索的道路上奠定了坚实的领航线。

297. 最早的有动力飞机

1899 年，莱特兄弟从斯密逊协会获得了有关飞行方面的资料和文献，从此之后便开始了长达 3 年的研究工作。在这 3 年里，他们共进行了 3 次试验并记录了详细的数据，在不断地改进后，取得了初步的成功，制造出了人类历史上第一架有动力的飞机——"飞行者号"。1903 年 12 月 17 日，这架"飞行者"号完成了人类历史上第一次成功的动力载人飞行。

298. 最快的直升机

目前，世界上飞行速度最快的直升机是韦斯特兰·林耐克斯公司生产的一架示范直升机，它的最高平均时速达到了 400.87 千米，是由约翰·埃盆顿和德莱克·科鲁斯在英国萨默塞特郡的上空创下的。虽然这个速度还远不及普通喷气式客机，但在直升机队伍中它已算是"老大"了。

299. 飞得最高的飞机

飞机使人类飞翔的愿望一步一步地实现，如今已达到了连鸟儿都望尘莫及的高度。1961 年 7 月 17 日，美国航空航天局的试飞员约瑟夫·沃尔克驾驶"X－15A"研究试验机飞到了 9.5936 万米高度的高空，被世界航空组织正式批准为绝对世界纪录。因此他也成为世界上第一位"驾驶飞机的宇航员"，因为美国航空航天局规定：超过 8 万米高度飞行的便可称为宇航员。1963 年 8 月 22 日，他在爱德华空军基地上空，再次驾驶该飞机飞到了 10.8 万米的高度，这个高度是普通客机飞行高度的 10 倍，是普通战斗机的 5 倍。时至今日，还没有其他飞机能打破这个纪录，"X－15A"研究试验机因此被称为飞得最高的飞机。

300. 最早的超音速飞机

20 世纪中叶，24 岁的美国空军上尉飞行员查尔斯·叶格尔在加利福尼亚州的爱德华空军基地上空，成功地驾驶着一家由美国拜尔公司制造的"XS—1型"火箭飞机达到了超音速飞行速度，成功地完成了世界上第一次超音速飞行。

301. 最早发明火箭的国家

众所周知，火药是我国发明的，自然火箭也是我国发明的。宋代的时候，开始把火药运用到军事上，制造了一种划时代的武器——火箭。这种原始的火箭原理十分简单，先把火药装在火箭桶里，并用引线点燃炸药，火药燃烧释放出大量的热气体，火箭借助这些热气体的推动就可以飞速前进，击中目标，这就是世界上最早的火箭，也是现代火箭的雏形。相对于现代火箭制造大国而言，可以说，我国是名副其实的火箭前辈。

302. 最早的人造地球卫星

世界上第一颗人造地球卫星——"斯普特尼克"1 号，是 1957 年 10 月 4 日发射成功的。它的主体部分是一只用铝合金做成的圆球，直径 58 厘米，重 83.6 千克。它虽然小，却揭开了人类探索地球和宇宙空间的一个崭新的篇章。

303. 最早的国际空间站

举世瞩目的"礼炮 1 号"空间站带着人类探索宇宙的重任顺利地于 1971 年 4 月 19 日进入了预定的运行轨道，开始履行自己艰巨而又光荣的太空探索任务。这座空间站由 3 个部分组成，它们是轨道舱、服务舱和对接舱。整体呈不规则的圆柱形，长度为 12.5 米左右，最大直径 4 米，总重为 18.5 吨左右。"礼炮 1 号"空间站共在太空运行了 6 个月，分别与"联盟 10 号"、"联盟 11 号"两艘飞船对接成功，组成一体。完成使命后，"礼炮 1 号"于同年 10 月 11 日在太平洋海域坠毁。

304. 寿命最长的国际空间站

1986 年苏联发射了第三代空间站——"和平号"空间站，被誉为"人造天宫"。北京时间 2001 年 3 月 23 日 14 时 0 分 12 秒。即莫斯科时间 2001 年 3 月 23 日 9 时 0 分 12 秒，"和平号"空间站安全地坠入预定的南太平洋海域，最终走完了它 15 年的探索历程。是目前世界上寿命最长的国际空间站。"和平号"空间站重达 123 吨，工作容积 400 立方米，由工作舱、过渡舱和服务舱 3 个部分组成，共有 6 个对接口。在它的一生中，共有 110 个航天器与它实现了对接，其中包括 40 艘宇宙飞船和 70 个科研装置。

305. 最早的环球飞行

世界上第一次环球飞行是由美国人完成的。飞行共用了 371 个小时零 11 分钟，行程 44 360 千米。1924 年 4 月 6 日，美国陆军组成了一支航空队，由 8 名飞行员和 4 架飞机组成。最后因飞机故障只剩下两架飞机——"芝加哥号"和"新奥尔良号"继续沿着大西洋前进，并于 1924 年 9 月 28 日在西雅图降落，完成了人类历史上首次环球飞行的壮举。

306. 最长时间的空中飞行者

世界上空中飞行时间最长的纪录由美国人罗伯特·莱姆和约翰·库克于 1958 年 12 月 4 日~1959 年 2 月 7 日创造的。他们总共飞行了 64 天 22 小时 19 分钟零 5 秒。在这近 2 个月的时间内，他们既没有在任何机场做过停留，也没有在任何地点进行着陆，而是持续在空中飞行，就连加油也是使用的空中加油，从而创造了人类空中飞行时间最长的纪录。

307. 最早飞上太空的宇航员

世界上最早飞上太空的宇航员是苏联的空军少校尤里·加加林，27岁的加加林于1961年4月12日，在拜克努尔发射场，乘坐"东方1号"宇宙飞船飞入太空，从而成为人类历史上最早进行"飞天"尝试的第一人。

不幸的是，加加林在1968年3月的一次意外飞行失事中遇难，年仅34岁。但他的骄人成绩将永远载入航天史册。

308. 最先登月的人

月总是给人一种神秘的感觉，诗人赞美它，歌手歌颂它，而科学家们将要一探究竟。第一个登上月球的人是美国宇航员N·阿姆斯特朗。他和他的同伴E·奥尔德林乘坐"阿波罗11号"宇宙飞船经过100多个小时的飞行到达月球表面。1969年7月21日格林尼治时间3时51分，飞行指令长阿姆斯特朗爬出登月舱的气闸室舱门，9分钟后，他终于站在了月球表面，并通过无线电对地球上的指挥中心说道："这是我迈出的一小步，却是人类迈出的一大步。"他成功成为人类史上第一位将足迹留在月球上的人。

309. 最早在太空漫步的人

1965年3月18日，前苏联的A·列昂诺夫中校与P·别利亚耶夫一起乘"上升2号"宇宙飞船在拜克努尔发射场升空。格林尼治时间8时30分，列昂诺夫中校穿好宇航服，背上氧气筒，经过连接在宇宙飞船一端的一个气闸室，走出飞船，进入了宇宙空间。成为第一位在宇宙空间漫步的人。

列昂诺夫在太空中停留了20分钟后从原通道回到了舱内。这是人类前所未有的奇迹，也为后来的太空漫步，积累了宝贵的经验。

310. 最早的女宇航员

　　女性从远古时期就被认为是不会有大作为的，可许多事实已经推翻了这种思想，生于 1937 年 3 月 6 日的前苏联女宇航员瓦莲京娜·捷列什科娃少尉，是世界上第一位登上太空的女性。1963 年 6 月 16 日格林尼治时间 9 时 30 分，她乘坐"东方 6 号"宇宙飞船在拜克努尔宇宙飞行场起飞，经过漫长飞行，进入太空。用事实再一次驳斥了"女性无法从事太空工作"的偏见和谬论。

311. 在太空中工作时间最长的人

　　苏联的航天事业曾经傲立于世界，在与美国的太空竞赛中，创下了一项项举世瞩目的世界第一。前苏联宇航员波利亚科夫，到 1995 年 3 月 22 日为止，已经在"和平号"空间站上连续工作了 437 天 17 小时 58 分 17 秒。换句话说，他已经在宇宙太空生活了一年零 75 天，创造了人类在太空中居住和工作时间最长的纪录，为其祖国赢得了无上的荣誉。

312. 航天史上最大的灾难

　　1986 年 1 月 28 日是一个让美国人永生难忘也让整个世界震惊的日子。美国"挑战者"号航天飞机在进行它的第 10 次飞行时，从发射架上升空 70 多秒后，因助推火箭发生事故而在空中爆炸，碎片坠入大西洋，7 名机组人员全部遇难，造成直接经济损失达 12 亿美元，成为世界航天史上最大一场毁灭性的灾难。这场灾难给人类的太空探索敲响了警钟。

313. 最古老的天文钟

　　我国古代的天文学，在世界上处于领先地位，创下了很多世界第一的纪录。建造于公元 1088 年的大型天文仪器设备"水运仪象台"是目前世界上最早的天文钟，它能够用多种形式观测并反映天体的运行。

314. 最古老的星图

流传至今的中国最早星图是在敦煌发现的唐代星图，这也是目前世界上发现的最古老的星图。《敦煌星图》大致绘于唐代初期，内容十分丰富，图上共画有 1367 颗星。图形部分由红、黑两色组成，分别按 12 个月的顺序，采取赤道坐标法，沿赤道上下连续画出 12 幅星图。文字部分则采用了《礼记·月令》和《汉书·天文志》中的材料记载。

315. 最大的长度单位

"光年"从字面上来理解像是时间单位，其实不然。光年是用来计量长度的一种单位，它测的是光在一年中所走过的距离。倘若把它变换成我们常用的长度单位，1 光年大约等于 94 605 亿千米，这段距离相当惊人，一般情况下，只有在研究宏观天体的运行时才会用到它。因为，相对浩瀚的宇宙来讲我们的地球实在是太渺小了，所以在地球，我们不用"光年"来计量事物的长度。

316. 离我们最近的恒星

在银河系中大约有 1 000 多亿颗恒星，距离我们最近的一颗叫比邻星。这颗恒星位于半人马座，距离地球大约有 399 亿千米。虽然这段距离没有用上光年来描述，而且较其他恒星离我们最近，但是用速度最快的宇宙飞船，往返一次也需要 17 万年。依现在的条件，人类还不能完成这样的"旅行"。不过相信终有一天，当科学真正发达到一定程度的时候，"比邻星"才会成为我们地球真正的"邻居"，也是我们星际旅行的一个跳板。

317. 最明亮的行星

　　仰望美丽的夜空，金星是我们人类肉眼唯一所能够看到的最明亮的一颗行星，也就是我们民间所说的"启明星"。因为它距离我们很近，所以我们能够在万颗星群中很容易地找到它。有人曾经很形象地把金星比作我们地球的"孪生姐妹"，其实，这个比喻一点都不夸张，因为金星的大小、质量以及外部大气层都和地球十分相似，所以人们会如此称呼它。

　　据探测，金星是一个没有生物存在的星球，因为它的表面有着很大的气压和很高的温度，不适宜生物的生存。它的表面温度可达 480℃，是九大行星中温度最高的行星。

318. 最早被计算出来的行星

　　众所周知太阳系中共有八大行星，它们中大部分都是天文学家通过观测发现的。但是，其中有一颗行星却是被数学家通过计算发现的。

　　1845 年，数学家亚当斯经过 10 个多月的不懈努力计算终于测算出了这个神秘行星的位置。可惜这个结果在当时并没有引起人们的足够重视。直到 1846 年，法国天文学家勒威耶也通过计算得出了同样的结论，他才着手让天文台的工作人员进行观测，果然在他所指出的位置发现了一颗行星，后来被命名为海王星。

319. 最早发现天王星的人

　　天王星是人类用望远镜观测到的太阳系的第一颗新行星，它的发现要归功于"恒星天文学之父"——威廉·赫歇尔。

　　1774 年 3 月，威廉与妹妹卡洛琳共同设计发明了世界上第一架反射望远镜，并第一个用巨型望远镜，窥视了恒星世界的面貌。1781 年，威廉正在观测星空时，突然发现了一颗异常明亮的星，经过 4 夜的跟踪观测，他确定这是一颗新行星，天王星就这样被发现了。

320. 最奇特的宇宙景观

我们太阳系的八大行星与被称为"矮行星"的冥王星，运转到一定的时期，它们会由于互相之间力的影响，而都运行到太阳的一侧。它们在太阳的一侧排列成一个角度不大的扇形区域，远远看去，就好像是排列在一条直线上一样，这种情形就被我们称为"九星连珠"。据科学家推算，从公元元年到今天为止，"九星连珠"的现象只发生过3次，而离我们最近的一次发生在1982年，和949年发生的第一次"九星连珠"竟然相隔了1 000多年，真是千年难得一见呀！

321. 宇宙中最冷的地方

1997年，美国和瑞典两国的天文学家们经过观测发现，恒星在消亡之前往往会喷发出很多气体，这些气体聚集在一起，就会形成"飞镖"星云，那里是人类目前所知道的宇宙中最冷的地方，温度估计在零下270℃左右。

322. 最早提出"量子宇宙论"的人

神秘的宇宙吸引了多少人想一探究竟？"量子宇宙论"是对"黑洞理论"进行补充的一种理论。它认为宇宙中的一切在原则上都可以单独地由物理定律预言，而宇宙本身则是从无中生有而来的。

最早提出"量子宇宙论"的是英国残疾物理学家史蒂芬·霍金，他出生于1942年1月8日。正当他的科学探索事业蒸蒸日上之时，霍金却被诊断患上了"肌肉萎缩性侧面硬化症"，只能坐在轮椅上，失去了所有的活动能力。虽然如此霍金并没有停止自己的探索，最终以惊人的毅力提出了一系列关于大爆炸和黑洞的理论，将宇宙伟大而神秘的真相展示给世人。因此，他被尊称为继爱因斯坦之后最杰出的科学家。

323. 最早记录哈雷彗星的国家

我国古代的艺术和天文成就是举世瞩目的。著名的哈雷彗星也是被我国古代的天文学家最早观测到并记录下来的。我国有很多古代典籍中都保存了对哈雷彗星的记录，其中被世界公认最早的是《史记·秦始皇本纪》中的记录。

后来，我国现代著名的天文学家张钰哲先生又考证了《淮南子·兵略训》中的有关记录，认为早在武王伐纣的时候，就已经有了关于哈雷彗星的记载。这样，我国关于哈雷彗星的最早记录又被推前了 400 多年，这些记录为研究哈雷彗星提供了最为宝贵的资料。

324. 最早的天文学著作

世界上最早的天文学著作是诞生于我国春秋战国时期的甘德和石申之手，它是由两部天文学著作合在一起组成的，所以被称为《甘石星经》。

325. 最早的日食记录

世界上最早关于日食的记录出现在我国河南，当时所记录的时间是公元前 1217 年 5 月 26 日。出土于河南安阳殷墟的甲骨文中就翔实地记载了这一具有历史意义的事件：传说，当时正在田间劳作的人们，突然发现光芒四射的太阳有了一个缺口，光色逐渐暗淡下来。过了一段时间之后，有缺口的太阳又慢慢地开始变圆了。这就是人类历史上关于日食的最早的可靠记录。

326. 最早关于流星雨的记录

在美丽的夜空中，我们经常会看到一颗星星从星空中划过半空坠落，这就是流星，几乎每个人都有机会看到。可是，说起流星雨，看到的人却不多。

世界上最早的关于流星雨的记载出现在我国《竹书统笺》一书中："帝癸十五年，夜中星陨如雨。"这段话讲述的就是发生在我国商朝时期的一次壮观的流星雨。流星雨确实非常漂亮，颗颗星星在夜空一个个划过，甚是壮观。

327. 最早的太阳黑子记录

我国是世界上最早发现太阳黑子，并将之记载于史书的国家。目前世界上公认的最早的关于太阳黑子活动的记载，出现于班固所编修的《汉书》中。《汉书·五行志》里有这么一段话："河平元年……三月乙未，日出黄，有黑气大如钱，居日中央。"而河平元年就是公元 28 年。史书所载的历史事实确证了我国早在汉朝就观测到了太阳黑子的活动。

328. 最大的太阳钟

世界上最大的太阳钟是建造于公元前 9 年的奥古斯都太阳钟。这座钟在流传于世界的古罗马艺术品中素来享有很高的盛誉。它由一块巨大的底座和一根矗立在底座中央的华表组成。底座上刻着时辰，是用来做钟面的。华表是一根花岗岩石柱，充当钟的指针，大约长 20 米。随着太阳在天空中的移动，华表就会在钟面的不同位置上投射出自己的影子，这些不同的投影就表示不同的时辰。

329. 最早的地动仪

世界上最早的地震仪是我国东汉时期的张衡发明的候风地动仪。这个地动仪从外表看像个巨大的酒坛，外表雕有 8 条龙。这 8 条龙分别驻守着 8 个方位，并与地震仪内部的"机关"相连。每条龙的嘴巴里都含有一个钢球，每个钢球的正下方都有一个向上张着嘴巴的铜蛤蟆。倘若一方发生了强烈地震，

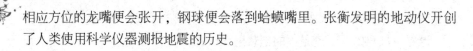

相应方位的龙嘴便会张开，钢球便会落到蛤蟆嘴里。张衡发明的地动仪开创了人类使用科学仪器测报地震的历史。

330. 最早的指南针

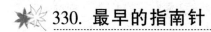

"司南"是我国的四大发明之一，也是享誉世界的伟大发明。它是世界上最早的指南针，产生于我国的战国时代。"司南"就是指向南方的意思，是我国劳动人民用磁铁制造的一种指示方向的工具。

司南是用整块的天然磁铁琢磨而成的，可以分为两个部分，一个部分类似勺子，用来指示方向，另一部分是用来盛放"勺子"的青铜底盘。其中，"勺子"的长柄端相当于指南针的 S 极，"勺子"底部就是 N 极。我们用手拨动勺柄使之转动，等转动停止的时候，就会发现勺柄指向的正是南方，勺底指向的是北方。

331. 最早的望远镜

世界上第一架望远镜是由意大利著名科学家伽利略在 1609 年发明的。这架望远镜是利用透镜成像的规律来工作的。它的物镜是一个凸透镜，目镜是一个凹透镜。当把凹透镜和凸透镜分别调整到适当的距离范围时，人的眼睛就可以在目镜中看到正立的、放大的像。在当时的条件下，伽利略已经能够使用自己的望远镜将物体放大几十倍来进行观测。

332. 最早的计算器

算盘是最早的计算器，也是我国发明的。作为一种计算器，它的发展经历了很长一段历史，从最初诞生到发展成熟，它已经走过了上千年的岁月。直到唐代，我们才看到现在所使用的算盘的形态。唐代时所发明的算盘可以说是十分成熟的了。这种珠算盘到元朝的时候已经在全国得到普遍的应用了。明朝后期，我国的算盘逐渐传到了日本、朝鲜等地，为世界文明的发展做出了很大的贡献。现代虽然科技很发达，但算盘还被广泛地被使用。

333. 数学史最长的国家

我国作为四大文明古国之一，在人类文明发展的历史中占据着十分重要的位置。在数学这门基础学科的发展史上，中国同样迈出了早于其他国家的第一步。根据史书记载，古老中国对于数学的研究早在公元前 2700 年就已经开始了，迄今为止，已经有 4 700 多年的历史了，是世界上数学史最长的国家。

334. 最古老的数学文献

现存最古老的专门用来记录数学的文献，是出现在公元前 1700 年左右的埃及草片文书。因为这部著作是写在叫做纸莎草的植物上的，所以又被人们称为"纸草书"。

《纸草书》是埃及人对人类文明做出的一大贡献。现在被人们发现并收藏的草片有"德兰草片"、"莫斯科草片"等，其中"德兰草片"中有 85 道数学题的问题和解答过程，而"莫斯科草片"中则记录了有 25 道数学题的解答过程，是人类最早的关于数学的最全面而系统的记录。

335. 最早记录"勾股定理"的数学专著

在几何学中有一个研究直角三角形的重要定理，西方人将之称为"毕达哥拉斯定理"，而我国人将之称为"勾股定理"。

在我国周朝初年，大约公元前 1100 年，就已经有人开始研究直角三角形了，但这时的研究并没有以典籍的形式保存下来。西汉末、东汉初年时出现了著名的古代算书《周髀算经》。在这本数学专著里就详细记录了"勾股定理"的内容，成为世界上最早记录"勾股定理"的数学专著。

336. 最早把圆周率精确到六位小数的数学家

圆周率是数学运算中最重要的常数之一，我国南北朝时期的数学家祖冲之，是世界上最早把圆周率精确到小数点后 6 位的著名数学家，而在 1 000 多年之后，荷兰数学家安托尼兹也同样计算到了同样精确的圆周率数值。这说明我国古代的文化和科学成就是世界一流的。

他在三国时数学家刘徽的割圆法的基础上进行推算，得出了圆周率在 3.141 592 6 和 3.141 592 7 之间。

337. 最早测算地球周长的人

最初人们认为我们生活的地球是一个四方的土地，而有一部分先知，已经推测出地球是圆的，但在那时很少有人相信，最先测算地球周长的人就是古希腊哲学家埃拉托斯梯涅斯。

经过仔细推算，他最终得出了地球周长为 46 240 千米的结论。这虽然和我们现在所测量出的 40 076.593 8 千米有一定的差距，但从当时的科学水平和条件来讲，得出这个数据已是很不错的壮举了。

338. 最早发现"黄金分割"的人

"黄金分割"如今已应用到人类的一些艺术作品和建筑设计中去了。这种分割线段的方法最早是由古希腊毕达哥拉斯学派的欧道克萨斯提出来的，并且他最早计算出"黄金分割"的比值为 0.618。举个例子：如果以人的身体的肚脐为分界线，肚脐以上和肚脐以下的比值为 0.618 时，这样的人体比例是最美的，也是人类最喜欢接受的一种比例值。他的这一发现可以说给人类带来极大的影响，因为"黄金分割"普遍存在于自然界中，它是人们衡量美的一个标准。

339. 最早发明阿拉伯数字的国家

阿拉伯数字最早是由古代印度人发明的，印度人对于"数字"的应用早在公元前 1000 多年前的典籍《吠陀》中就有记载。到了公元 8 世纪，由印度天文学家毛卡传播到阿拉伯地区，此时的阿拉伯人将这种数学符号称为"印度数字"。后来，在阿拉伯人的不断改进下，这种数字又传入欧洲，并很快在世界范围内通用，所以被世人称为"阿拉伯数字"。

340. 最早的左轮手枪

美国人 S·柯尔特在原有转轮手枪的基础上，于 1835 年发明了世界上第一支左轮手枪。这支左轮手枪采用底火撞击式枪和线膛枪管，并使用锥形弹头的纸壳弹。由于设计原理先进，使用方便，左轮手枪很快便得到了广泛的应用，从而标志着现代手枪的产生，柯尔特也因此被誉为"左轮手枪之父"。

341. 最早的自动枪

随着时代的进步，武器也在不断出新。1882 年，美国工程师马克沁注意到，士兵射击时常因步枪的后坐力把肩膀撞得青肿。这说明枪的后坐具有很大的能量，他决定把这种能量利用到武器的自动连续射击上来。他对一支老式的温切斯特步枪进行了改装试验，利用射击时子弹喷发火药气体产生能量，使枪完成开锁、退壳、送弹、重新闭锁等一系列动作，实现了单管枪的自动连续射击，并减轻了枪的后坐力。就这样，马克沁在 1883 年首先成功地研制出世界上第一支自动步枪。

342. 最早研制无声枪的人

成功属于勤奋的人，时代的进步，不得不让部分人惊讶。研制出世界第一支自动步枪的美国工程师马克沁，经过悉心研究又成功研制出了世界最早的无声手枪。马克沁不喜欢吵闹，非常讨厌猎枪的巨响，1908 年他研制出世界上第一个用于猎枪的消声器，这个装置让枪弹击发时排出的气体做旋转运动，可以达到减小枪声的效果。同年 3 月 25 日，马克沁获得这项发明的专利权。

343. 最早的地雷

火药的发明，在我国由来已久，但直到明朝初年（14 世纪左右），采用机械发火装置的真正地雷才在我国出现。根据 1413 年焦玉所写的《火龙经》记载："炸炮"用生铁铸造而成，空心，放入火药压实，用一根长火线作为引线，选择敌人必经之路，同时，埋下数十颗，把它们互相连接，敌人一踏动机关，就会引发连环爆炸，炸裂的铁块四散伤人。可以想象，这种"炸炮"不仅是最早的压发地雷，还巧妙利用了"连环雷"的原理，从而产生更大更强的杀伤力。

344. 最早的深水炸弹

1915 年，第一次世界大战期间，德国宣布用潜艇封锁英国，英国马上研究对策，并于当年年底研制出了世界上最早的深水炸弹。

最初，这种炸弹的外形像装垃圾的金属罐，罐内装满炸药，安有水压引信和触发引信，深水炸弹由舰艇、飞机投入水中，触及潜艇时或在预定深度都会爆炸，最深可达约 200 米。爆炸时产生巨大压力，在爆炸中心 10 米内的潜艇都会受到严重破坏，从此潜艇也有了"克星"。英国成功遏制了德国的潜艇威胁。

345."会游泳"的鱼雷

英国工程师 R·怀特海德于 1866 年发明了世界上第一枚能够自动航行的

水雷。他吸收了当时武器研究领域的一些新观念和技术，经过两年多的试验，终于成功设计了一种压缩空气发动机和一个制导系统，装上这些设备的鱼雷能够将 8.2 千克的甘油炸药带向攻击目标，实施爆炸破坏，杀伤力非常强。

346. 最早的水雷

世界上最早的水雷制造于我国明代。据古书记载，明朝时沿海一带日本倭寇横行，为了对付这帮古代的"日本鬼子"，我国人民制造出了一种水雷。这种水雷实际上是一个装着黑火药的木头箱子，所有接缝的地方都用油灰粘紧，为了不让水渗进去。然后把这个箱形水雷用铁锚坠到海水中适当的深度，用一根绳索与击发的装置连接，绳子另一头拉到岸边。

这种水雷常布设在港口和舰船必经之处，当敌船靠近的时候，岸上的人拉动绳索，引起爆炸，从而达到攻击效果。

347. 最早的鱼雷艇

1877 年英国建造了世界上第一艘鱼雷艇——"闪电号"，紧随其后，俄国也建造了"切什梅号"和"锡诺普号"水雷艇，但它们都属于最早的鱼雷艇。很快鱼雷艇就显现出其独特的军事打击功能，1887 年 1 月 13 日，"切什梅号"和"锡诺普号"首次用鱼雷击沉了土耳其海军的"因蒂巴赫号"通信船，取得了成功。

348. 最早的驱逐舰

1877 年英国率先发明了鱼雷艇，并很快发挥了其作用。为了对付鱼雷的威胁，英国人于 1887 年研制成了一种新型舰艇，这种舰艇比鱼雷艇大，装有几门炮，速度比鱼雷艇快，同时还能发射鱼雷。这样，它不但可以对付敌方的鱼雷艇，同时也保护了自己的大型舰艇，可谓"一箭双雕"。

349. 最早的铁甲舰

19 世纪的英国工业走在了世界的前沿。军事力量也是最为强大的。1860 年英国下水了第一艘真正的铁甲舰艇——"勇士号"战列舰。这艘舰艇的排水量是 9 000 吨，配置 40 门火炮，在战争中发挥了巨大的作用。

"勇士号"的下水标志了木壳战舰时代的结束，蒸汽铁甲时代已经开始了。1860 年以后，英国就只造铁甲舰了，而其他国家也纷纷走上了"钢铁军事"之路。

350. 最早的航空母舰

航空母舰简称"航母"，航空母舰是船舰中的"老大"。舰上有以装载飞机为主的各式武器。作为飞机编队的海上活动基地的大型军舰，它是现代海军水面战斗舰艇中最大，也是作战能力最强的舰种。

英国从 1918 年开始建造"赫姆斯号"航母，但世界上第一艘真正装备齐全的航母却是日本制造的"凤翔号"。它参照了"赫姆斯号"的方案，于 1922 年 11 月首先建成并下水服役，而"赫姆斯号"8 个月后才建成。

"凤翔号"建有直通甲板，将妨碍飞机起飞的突出的舰体建筑物都移到了飞行甲板右侧，后来的航母大都效仿了这一设计。现在，航母在现代战争中发挥着越来越重要的作用，已经成为衡量一个国家海军实力强弱的标志。我国没有航母，不是因为没有能力建造航母，而是表明了我国无意战争，爱好和平的愿望。

351. 海战中最短命的航空母舰

日本的"信浓号"航母是海战历史中寿命最短的航空母舰，从建成到服役再到沉没，"信浓号"只存在了短短的 20 天，创下了日本人最不愿意看到的世界纪录。

1944 年，第二次世界大战期间日军在太平洋上节节败退，为了补充兵力，"信浓号"被突击完工后匆匆上阵。11 月 28 日晚上，"信浓号"在行驶的途中被美军潜艇发现。次日凌晨，美军潜艇发射了 6 枚鱼雷，4 枚命中，航母遭受重创沉没于太平洋海底。

352. 最早的潜艇

1620 年荷兰物理学家 C·德雷贝尔发明了一艘人力潜艇，这是目前有确切记载并得到公认的世界上第一艘潜艇。这艘潜艇在英国制造，并在泰晤士河潜航了两个小时。这艘潜艇虽然设备简陋，但却引起了世人的广泛关注。用木制框架作为潜艇的基本结构，在外面包有严实防水的皮革，同时艇身还涂有防水的油。艇身上有桨孔，动力则由坐在艇内的 12 名水手划桨产生。

353. 最早的核潜艇

海曼·里科弗是研究核动力潜艇的科学家。1947 年，他与一些科学家向美国政府提出了制造核动力潜艇意向。1951 年美国国会通过了制造核潜艇的议案，并于 1952 年 6 月正式开工制造，1955 年 1 月开始试航。这就是世界上最早的核潜艇"鹦鹉螺号"，并且核潜艇的优势很快得到了证实。

354. 最早的坦克

最初的坦克是由拖拉机改装而成的。只不过是把其履带加长，焊上了很厚的装甲，此外，还装上了可以进行射击的枪炮。它诞生的年月为 1915 年 8 月，英国人在此基础上进行了改进，去掉了炮塔，战车变成了铁盒子形状，样子很像一辆运水车。这种坦克中的鼻祖样子很臃肿，两侧各有一门可以转动的炮，还有 6 挺机枪，最高时速只有 6.4 千米左右。为了保密，英国军方称它为"tank"，意为"水柜"的意思。

355. 最重的坦克

二战时期，为了增加其军事侵略的力度。德国军方设计制造出一种重达188吨的超重型坦克，这就是所谓的"无坚不摧"鼠式坦克。这种坦克的确重得吓人，因为当时前苏联的"KV－2"重型坦克也不过46吨。而鼠式坦克长9.3米，高2.66米，火炮口径则达150毫米，侧面、前面和底部的装甲都厚得惊人。

为了增加机动性，鼠式坦克采用了1200马力发动机，但是由于其体重太大，体形庞大而影响了机动性。它的最大时速只有20千米/小时，在还没有抵达战场时就被苏军一一击毁。事实证明，太重的坦克用处不大，因此许多国家停止发展超重型坦克。因此鼠式坦克仍然是世界上最重的坦克。

356. 最早的步兵战车

法国利用"AMX—13"轻型坦克底盘于1954年成功改制了一种装甲车辆，车身两侧及后门上开有射击孔，步兵可在车上向外射击。后来这种车上又装备了12.7毫米高射机枪或反坦克导弹，更名为 AMX－13 型步兵战车，这是世界上步兵战车的鼻祖。

357. 最早的反坦克火箭筒

火箭筒是一种对付坦克的方便型肩扛武器。主要用于近距离袭击坦克、装甲车辆和摧毁工事。它通常由发射筒和火筒弹两部分组成，发射筒上装有瞄准具，可射击到400米之内。

在第二次世界大中，纳粹德国大量使用坦克，各国都大力研制便于携带的步兵反坦克武器，并开发出反坦克枪榴弹。美国陆军上校斯克纳和他的助手中尉厄尔研制出新型的反坦克火箭筒，火箭筒当时尚未正式定名，因为它的外形很像当时美国一位著名喜剧演员使用的长管形乐器巴祖卡，美军士兵就称其为"巴祖卡","巴祖卡"就成了这种武器的代名词。

358. 最早的军用雷达

根据"电磁波遇障碍反射"的原理，沃森·瓦特于1919年发明了第一个雷达装置，这种装置可以发射出电磁波，又能够接受反射波，能够探测很远的距离。

1935年1月，英国军方获悉沃森·瓦特的研究，便委托其研制一种用于探测空中飞机的装置，沃森·瓦特在已有的研究经验的基础上，很快便研制出世界上最早的对空警戒雷达试验装置。同年2月26日，该雷达在演习中探测到了16千米外的飞机。经过不断改进，到1936年1月，"沃森·瓦特"雷达的探测距离已达120千米，从此军事空战的科技化程度大大提高。

359. 最早的防空雷达网

自1938年起，英国开始将雷达部署在英国的泰晤士河口岸附近，逐步拓展了防空雷达网的范围，从而加强了其探测能力。至1939年9月，二战爆发时，英国已在东海岸建立起一个名为"本土链"的雷达网，由20个地面雷达站组成，形成了一道严密的监测屏障。并在二战中得到实战应用，有效防范了德国的侵袭。

360. 最早的迫击炮

1904年—1905年日俄在我国境内的瓜分战争中，俄军占据着旅顺口要塞，日本挖筑的堑壕一直逼近到距俄军阵地只有几十米的地方，一般火炮和机枪很难歼灭日军。为了有效攻击龟缩在堑壕和掩体后的敌人，俄军于1904年秋季改装制成了世界上第一门迫击炮，以大仰角发射一种长尾形炮弹，成功的击败了日军的多次进攻。这门炮当时被称为"雷击炮"，后来各国都很重视这种新型武器，并在日后的实战中，显露出了它的实战价值。

361. 最早的无后坐力炮

我们经常在影视中看到一些大炮在发射时会产生很大的后坐力，不仅会卷起沙石，有时还会有碎弹片飞出伤人。1914年，美国海军少校戴维斯为了解决这个问题，研制了世界上第一门无后坐力炮，其设计原理非常独特：两颗弹尾相对的弹丸放在一根两端开口的炮管内发射，射击时向前射出的是真弹头，另一颗向后抛出的是假弹丸。两个弹丸的作用力相互抵消，从而使整个炮身不再后坐。

362. 最早的自行火炮

自行火炮在现代战争中作用不可小视，可最初的自行火炮由于没有装甲防护，机动性也比较差，因而，战斗作用很差。二战时，德国军方认为，自行火炮至少要和坦克跑得一样快，才能有效对抗坦克。1939年9月德国占领捷克，获得了当时性能较为先进的捷克反坦克炮。德国法西斯用这种炮和"T—l型"坦克盘组合，设计出了世界上最早的自行反坦克炮，从而使其侵略战争的步伐加快。

363. 最大的大炮

在第二次世界大战中，德国法西斯为了增加其军事威力，制造出了目前为止世界上最大、最重的大炮——"多拉"大炮。

这种大炮长42米，总重1 344吨，外形像一艘巨大的军舰。它使用的炮弹也是当时世界上最重的，每枚重达7吨，杀伤力极强，适于摧毁坚固的混凝土工事。整门火炮加上弹药、补给一共装了60节火车皮，操纵人员和辅助人员多达4 000人。这样体型过于庞大，机动性较差的大炮，在实战中并没有起到太大的作用。

364. 最早的重型轰炸机

1913 年 2 月 25 日，俄国军方发明了世界上第一架重型轰炸机。取名"伊里亚·穆罗梅茨"的轰炸机共装有 8 挺机枪，最多可载弹 800 千克，机身内有炸弹舱，并首次配备了电动投弹器、轰炸瞄准器、驾驶和领航仪表。1914 年 12 月，俄国用"伊里亚·穆罗梅茨"组织了世界上第一支重型轰炸机部队，并于第一次世界大战中首次成功空袭了波兰境内的德军目标。

365. 最早的喷气式战斗机

第二次世界大战初期，德国成功研制了世界上最早的喷气式战斗机——"梅塞施密特 ME—262 型"战斗机。这种飞机的飞行时速可达 850 千米，比当时所有活塞式战斗机要快很多倍。希特勒称其为"闪电轰炸机"。但直到 1944 年二战末期"ME—262"才作为战斗机正式投入战场。

366. 最早的预警机

世界上第一架空中预警机试验机"AD—3W 复仇者"，是由美国空军发明制造的。并于 1944 年首次试飞，但是还难以达到实战的要求。

20 世纪中期美军不断改进预警机，直到 1958 年 3 月新机型终于试飞成功，正式定名为"E—1B 跟踪者"式舰载预警机，也是世界上第一批具有实战价值的预警机。

367. 最安全的飞机

美国总统乘坐的专机"空军一号"是世界上名气最响亮的飞机，大家也经常能在美国的电影中看到关于"空中一号"的介绍。它采用改装过的"波音 747—200B"飞机，装备了世界顶尖的反导防御系统，机身裹着一层厚厚的装甲，它有效抵御了核弹爆炸时的冲击波。窗户全都是防弹玻璃，任凭狙击枪的疯狂扫射，它一样完好无损。

368. 最早的空中加油机

1923 年 8 月 27 日，在美国加利福尼亚州的圣地亚哥湾上空，两架编队飞行的美国飞机成功完成了航空史上第一次空中加油试验：他们是使用一根 10 多米长的软管从前上方飞行的飞机上垂下，后面飞机的后座飞行员用手抓住软管，把它接在自己油箱上实施加油。这样的加油方式大大地减少了飞机在空中少油或缺油的麻烦，为航空事业又添了新亮点。

369. 最早组建喷火兵队伍的国家

火焰喷射器是战争中的一种武器，喷射的火焰可以把躲藏在壕沟和地下掩体里的敌军逼出来，以达到歼灭的目的。

最早的现代喷火器是由德国人 R. 菲德勒于 1900 年发明的，德国军方认为这一发明具有非常好的实战意义，就对它开始进行改装，减轻其重量，从而提高了射程和威力。因而，他们组建了世界上第一支喷火兵队伍。

370. 最早研制出原子弹的国家

世界上最早研制出原子弹的国家是美国，但美国并不是最早研制的国家。最早研制的是德国，不过直到二战结束它也没有制造出来。1941 年 12 月 6 日，罗斯福批准研制原子弹。所以 1942 年 8 月美国在纽约成立原子弹研究机构，代号"曼哈顿工程"。此工程投资 22 亿美元，投入人力达 50 余万，集中一大批世界顶尖的科学家。

美国一边加紧研究步伐，一边不失时机地打击和破坏德国的研究工厂，达到延缓德国的研究进程的目的。1945 年，美国终于率先研制成功 3 枚原子弹，分别命名为"小玩意儿"、"小男孩"和"胖子"，这种具有超强威力的武器从此诞生。

371. 最早的导弹

导弹是现代化战争中的重要武器，它的诞生既给战斗增添了新的发明，同时也给战斗带来了灾难。导弹就是在德国想称霸世界的野心下诞生的。

早在20世纪30年代，德国就已经开始对火箭和导弹技术进行研究和开发。1932年德国陆军还为此建立了一座规模庞大的研究机构，经过10多年的研究，终于在二战后期制造出世界上最早的导弹——"V—1"型飞弹。"V—1"飞弹长约8米，外形像一架小飞机，可装850千克烈性炸药，1944年6月13日法西斯德国首次用其攻击英国。但"V—1"却有一个致命弱点就是飞行速度慢、制导系统简陋，总体质量比较差，飞行中常常自行坠毁。但是，德军并没有放弃。

所以很快又研制出"V—2"型飞弹，其性能大大提高，时速也大幅度提高，并装有无线电导航系统，所以，有很多人认为"V-2"是世界上最早的导弹。

372. 最早的洲际导弹

1957年8月21日在苏联设计成功的"SS—6型"弹道导弹，是世界上最早的洲际导弹。它从陆地上发射，射程8 000千米，核弹头威力相当于500万吨TNT炸药。如此威力的导弹听起来都让人不寒而栗。

据估计，全世界目前共部署的洲际导弹约有2 000～3 000枚，这些"定时炸弹"可以使地球毁灭几百上千次，其杀伤力不可想象。

373. 最早研制氢弹的国家

美国最早研制出了原子弹，苏联也紧随其后研制成功。为了保持核武器

方面的优势，美国政府又紧锣密鼓地决定要研制出威力更大的炸弹。这项研究工作由匈牙利科学家特勒策划，主要利用原子弹爆炸时产生的高温，促使氘发生二次聚变反应，从而产生威力更大的爆炸，这就是氢弹。

1951 年 5 月，第一枚氢弹成功研制，命名"乔治"，在太平洋上的恩尼威托克岛成功爆炸，这个试验装置重达 62 吨，爆炸威力大大超过原子弹。

374. 最早的原子弹轰炸

1945 年 8 月 6 日清晨，一架美军"B—29"轰炸机飞临日本广岛市区的上空投下了两颗原子弹。因为之前经过频繁轰炸，当地居民早已习惯空袭警报，所以大部分人并没有及时进入防空洞内躲避。8 点 15 分，轰炸机投下原子弹后，加速逃离了广岛上空。

这就是美军研制成的三颗原子弹之一的"小男孩"，长 3 米，重约 4 吨，直径 0.7 米，爆炸威力相当于 1.5 万吨的 TNT 炸药。这次轰炸造成 7.1 万人死亡，6.8 万人伤残，整个城市的建筑物全部夷为平地。迫使垂死挣扎的日本军投降，也结束了第二次世界大战。

375. 世界上第一个被俘的飞行员

从人类发明飞机，到使用飞机作战后。世界上第一个被俘的飞行员是意大利人依连塔，在此之前大多数人并不知道飞机和空战是什么。

1912 年 9 月 10 日，在意大利对土耳其的战争中，依连塔驾驶的飞机出现了意外故障，他不得不进行了紧急迫降。

在这种紧急情况下，依连塔把飞机错降到了土军的阵营里，被土耳其人抓了个正着。土军当时还没有飞机，可想而知，对这位从天而降的战俘，他们一定是"倍加呵护"。真是误打误撞的"自投罗网"。

376. 最早的空战

在一战早期，飞机只是用作侦察敌情使用，并没有投入实战。1914 年 10

月 5 日，法国飞行员约瑟夫·弗朗茨和路易·凯诺驾驶一架"瓦赞"式双翼飞机前往德军阵地侦察，在返航的途中遭遇一架德军的"阿维亚蒂克"式飞机。双方就展开了一场空中交火。法机上安有哈奇开斯机枪，而德机上只有一支来福步枪，可想而知，战斗结果凯诺用机枪击中德机，德机起火坠落。

377. 最早的"女飞人"

丽达·李托娃是二战中的战斗英雄，也是世界上第一位女王牌飞行员，曾荣获"苏联英雄"称号。她的一生中参加 66 次空战，共击落敌机 12 架，在二战女性飞行员中名列榜首，有"空中百合"的美称。

1943 年 8 月 1 日，丽达在一次战斗中牺牲，她的战友为她建了一座纪念碑。

378. 迄今为止的最大纸币

世界上最大的纸币是我国于明朝时期发行的一贯钞。明朝的开国皇帝朱元璋曾下令发行一种纸币，称为"大明宝钞"。大明宝钞是明朝通行的唯一货币。它的面额，分别是一百文、二百文、三百文、四百文、五百文和一贯钞 6 种。一贯约为 1 两白银。

379. 最大的铸币

在轰轰烈烈的太平天国运动中，曾经发行过一种纪念币——"特大花钱"，它是目前世界上最大的铸币。这枚铸币的材质是黄铜。大小有小面盆那么大。铜币的正面刻着"太平天国"，边缘是二龙戏珠；背面是一个繁体的"圣"字，旁边是双凤图案，边缘两侧是八宝纹饰，甚是好看。

380. 最早的中央银行

1584 年 6 月由威尼斯参议院授权建立，并在 1587 年 4 月开业的里阿尔托银行是世界上最早的中央银行。在近代早期，意大利地区的商业贸易就十分的发达。频繁不断的商品批发贸易迫切需要建立大的正规银行。由于许多私人银行在 1575 年后经常破产或者陷入严重困境，政府就扶植建立公立银行，由政府当局给以保证和监督的经营存货款业务的银行。

381. 世界上最早的纸币

宋朝的商业活动比较繁荣。但沉重的金属钱币，严重阻碍了从商人员之间的正常交易，于是在民间逐渐有商人利用纸写契约代替钱币的交易，政府就设立了专门的机构，派官员管理纸币的印制。这就我国最早发行的纸币，而且，它还是世界上最早的纸币。

382. 最早的国家造币厂

你知道"下林三官"是指什么吗？它就是我国汉朝时期的造币厂，也是世界上最早的国家造币厂。其实我国早在秦朝的时候就开始统一使用方孔铜钱。到汉代时期，史料记载显示有国家造币机构——下林三官。然而，汉灭亡的时候，下林三官就在纷乱的战争中被人们废弃了，慢慢也就被遗忘了，后来的史料再也没有关于下林三官的记载了。只不过在后来的考古中发现，人们逐渐还原了历史的印迹，并将这一历史原貌呈现在了我们的面前。

383. 最早的金属货币

我国周朝的铲币是世界上最早的金属货币。这种金属货币出现在公元前

11 世纪。铲币,由古代农具演变而成,形状像现在的铲,所以叫铲币。铲币流通于战国三晋地区,在韩、赵、魏等国通用。现在,在一些金融机构的标志或图案中还经常能看到铲币的身影。

384. 最早的邮票

1840 年 5 月 1 日,在罗兰·希尔的提议和促进下,世界上第一枚邮票正式发行,5 月 6 日开始使用。邮票的图案为英国维多利亚女王侧面浮雕像,黑色,面值 1 便士,人们称之为"黑便士邮票"。罗兰·希尔一生为改革和发展邮政事业作出了重大贡献,因此,也被赞誉为"近代邮政之父"。

385. 最早人口超过百万的城市

唐代的长安城是世界历史上最早人口超过百万的城市,是当时全国的政治经济交流中心。城东西南北有 35 条大街,一般宽 100 米左右,两边有排水沟,如此笔直宽阔、设计科学的街道在当时世界都城中,是绝无仅有的。长安的主干大街是 150 多米宽的朱雀大街,以此为界将整个城市分为万年县和长安县东西两部分,分别统辖 50 多个左右对称、排列整齐的坊。

386. 经济特区最多的国家

美国于 1776 年建国,在建国后的 100 年间有了迅速发展,成为世界头号发达的工业强国,在两次世界大战中获得了丰厚利益,经济急剧增长,成为世界上最发达的国家,因此,它也设置了数目庞大的经济特区。美国的对外贸易特区遍及全国,现在,在全美国共设立了近百个经济特区。

387. 最早种植水稻的国家

我国是水稻的故乡,也是世界上最早种植水稻的国家。

华夏民族的祖先为水稻的培植做出了巨大的贡献。考古学家们发现在我国浙江余姚河姆渡遗址和桐乡罗家角遗址发现了距今7000~8000年前的水稻种子，这一发现证明我国早在原始社会就已经开始栽培水稻，并作为农作物来种植。

388. 食用植物品种最多的国家

我国地大物博，资产丰富。世界上食用植物品种最多的国家是中国。我国除了栽培种植的庄稼以外，还有很多水果、野生淀粉、油料、糖料以及野菜等，能吃的食用植物有2 000多个品种，而整个欧洲和美洲的食用植物加起来才有1 000多种。由此而知，我国的领土是一个多么美丽富饶的好地方，这期待着我们去开发利用，富民强国。

389. 栽培蔬菜种类最多的国家

蔬菜栽培在我国有着悠久的历史，大约在3 500年前，我国劳动人民已经开始了专门种菜。春秋战国时期，我国有了专业的蔬菜园圃。而到了汉代开始出现利用人工温室种植蔬菜。我国栽培的蔬菜总数大约有160多种，是世界上栽培蔬菜种类最多的国家。

390. 咖啡产量最多的国家

咖啡已成为一种时尚，静雅的咖啡店已是商务休闲的好去处。世界上咖啡产量最多的国家是巴西。巴西每年咖啡产量达200多万吨，有世界"咖啡王国"之称。咖啡在巴西社会经济中占有重要地位，巴西国徽中间就环绕着用咖啡叶和烟草叶编织的花环。巴西的咖啡产量和出口量均占世界第一位，甘蔗、可可、大豆、柑橘的产量都名列世界前茅。

391. 最大的花卉市场

　　五颜六色的花朵为不同的地方增添不同的美丽。荷兰是一个美丽的国度，不只因为其风光优美，还因为它是一个花的世界。世界上最大的产花国，有"西欧花园"的美称。荷兰有 13 个著名的花市，其中的阿斯梅花市是世界上最大的花卉市场。这个花卉市场每天都要卖出 600 万份的盆花和剪花。这些花销往 100 多个国家，不仅从陆地输往国外，还采用空运。可想而知，其花的产量有多大。

392. 绿宝石产量最大的国家

　　宝石作为优雅大方的装饰品而享誉全世界，其价格不菲。而这样的珍宝在全世界最集中的产地是哥伦比亚，这个国家绿宝石的产量占据了世界总产量的一半以上。这个国家出产的绿宝石的质量也是一流的，不但色彩通透，闪闪发光，而且富有极强的生命力。吸引了来自世界各地的珠宝商前来采购。

393. 钻石中的"皇后"

　　迄今为止，世界上最大的一颗钻石是 1905 年 1 月 27 日在南非扎伊尔伯里梅尔发现的，钻石取名"库里南"，重达 3 106 克拉，相当于普通钻石的数百倍。更为惊人的是，据地质学家推测，库里南钻石晶体仅为原完整晶体的 1/3，还有 2/3 没有被发现。珠宝专家估算库里南的价值有 75 亿美元。

394. 产铜量最多的国家

　　丘基卡马塔铜矿位于智利安托法加斯塔省，已经有了几百年的开采史，在这个最大的露天铜矿里的蕴藏量竟达 1 800 多万吨，从 20 世纪 90 年代开

始，每年的产铜量都超过了 60 万吨，占世界总产量的 45%。可以说，丘基卡马塔铜矿的存在帮助智利成为世界名副其实的第一大产铜国。

395. 最大的油库

油已成为生活必需品，没了它好像我们都"寸步难行"了，世界上产油最多的地方是中东波斯湾地区，"世界油库"的储油量是非常可观的，仅 20 世纪 80 年代初探明的数据显示，中东波斯湾地区的储存量就达到了 497 亿吨，相当于世界总量的一半以上，更令人称奇的是，这其中仅沙特阿拉伯一国的储油量就占据了世界 1/4 的油源。所以，中东波斯湾有"世界油库"的美称。

396. 世界上的"黄金大国"

俗话说"物以稀为贵"，金子就是这样。金矿在地球上是一项非常稀少的资源，分布既少又不集中。所以，拥有金矿就相当于拥有了巨额利润。南非就是这样一个天时地利的国家，得天独厚的地理资源优势使它包揽了世界储金量的一半以上，成为名副其实的黄金大国。南非的金矿主要分布在瓦尔河流域。这条流域的构造相当有创意，500 千米的长度和半圆形的形状使它拥有"金弧"的美誉。

397. 水能资源最为充足的地方

在举世闻名的雅鲁藏布江的下游地段到处是崇山峻岭、山高谷深，湍急的水流必须经由这里穿过两座海拔达 7 000 多米的高山谷底，围绕形成南迦巴瓦峰的一个奇观——U 形大转弯。雅鲁藏布江水从上游流到这里要经历 2 910 米到 155 米的水位骤降，较高的水位和坡降度加上附近多年的平均流量，使这段河道成为世界上水能资源最为充足的地方。

398. 最古老的中西贸易通道

"丝绸之路"我们在小学都已学过，我国古代的丝绸之路是世界上最早的中西贸易通道。古代丝绸之路的起点在我国的长安，那里曾是汉朝和唐朝的首都。丝绸是我国的特产，也是传入国外的早期商品之一。当时全国各地的丝绸都先集中在长安以后，再由各国的商人，经过陕甘高原，穿过河西走廊，最后到达当时的中西交通要道敦煌。因此，人们称这条贸易通道为"丝绸之路"。

 ## 399. 最长的人工运河

我国的京杭大运河，又称南北大运河，是在隋朝时开凿的，最初它不是利国利民的河道，而是为了方便皇帝出行游玩而开凿的专用河道。它北起北京，南至杭州，全长 1 782 千米，就长度来讲，世界上没有一条运河能与之相比。而且它是世界三大运河中最古老的一条，京杭大运河的修建在历史上前前后后共经历了近 2 000 年的时间。

400. 最早的国际航线

飞机已成为现代的出游首选工具，1919 年 2 月 8 日，世界上最早的国际航线诞生了。这条航线的起飞点和着陆点分别是法国的巴黎和英国的伦敦。在现在看来，这两个城市之间的距离并不是十分遥远，不过作为第一条成功开辟的国际航线，它为今后飞机的国际化运营做出了重要的贡献，提供了许多可以借鉴的宝贵经验。

401. 最长的海底隧道

世界上最长的海底隧道是英吉利海峡隧道。是由英国和法国两国政府共

同出资 100 亿英镑修建的，工程在 1987 年 12 月开始，到 1990 年 12 月结束。1994 年 5 月 6 日英国女王伊丽莎白二世和法国总统密特朗正式为隧道举行了剪彩通车仪式，此后，英吉利海峡隧道开始投入使用。隧道全长 50 千米，接通英国肯特郡的福克斯通和法国的加来。

402. 最早的火车

1781 年瓦特发明的蒸汽机问世以后，为火车提供了动力来源。1804 年，英国人理查德·特里维西克经过多年的研究，终于成功制造出了一列真正意义上的蒸汽火车，它能够牵引 5 辆车厢，以时速 8 千米的速度行驶，这就是最早在轨道上行驶的火车。因为当时用煤炭和木材作燃料，所以，人们就把它叫做"火车"了，并一直沿用到今天。

403. 最短的铁路

位于意大利境内的世界上最小的国家——梵蒂冈，拥有一条世界上最短的铁路。这条铁路的长度为 860 米，如果步行，从头到尾也用不到 10 分钟的时间。铁路虽然很短，但管理它的部门的名字却很长，它的全称为"梵蒂冈教皇宫委员会行政区货物办事处"。这条铁路自 1929 年建成以来只运送过一次乘客，而平时只运送一些货物。所以这条铁路也被称之为"世界上最安全的铁路"，因为它自通车以来从未发生过人员伤亡事故。

404. 最早的轮胎

1887 年苏格兰一个名叫邓禄普的医生出于对儿子的爱护，发明了世界上第一个轮胎。

据说，有一天，邓禄普用橡胶水管在花园里浇花，橡胶管的弹性触动了他。他将灌了水的橡胶管用来做儿子的自行车的轮子，在一定程度上减轻了车子的震动。后来，他又用充气来代替充水。就是这样，世界上第一个轮胎就诞生了。

 ## 405. 最小的能使用的独轮自行车

世界上最小的、可以骑行的独轮自行车是由瑞典人西格纳·贝尔格伦德制造，它的高度只有 20 厘米，而自行车轮的直径只有短短的 1.8 厘米，车子上没有任何其他的辅助设备。是 1998 年 3 月，瑞典人彼得·罗森达尔就在这辆特殊道具上进行了独轮车表演，并且最远的行程达到了 8.5 米，惊人的车技让我们佩服。

406. 最早的摩托车

1885 年世界上第一台摩托车是由德国人戈特利伯·戴姆勒发明的，戴姆勒第一次把发动机安装到代步器械中，从而产生了世界上第一辆摩托车。戴姆勒发明的摩托车是十分简单的，它的发动机垂直放置于两个轮子的中央，动力可以由皮带传至中间轴，再由齿轮传到后轮。不过在那个年代发明出这样的摩托车实属不易，为后来的摩托车的发展奠定了良好的基础。

407. 最小的太阳能车

2003 年 8 月 16 日台北市天文馆展出了世界上最小的太阳能车。这辆太阳能车全长 3 厘米，一个成年人的大拇指就可以轻松地将它顶起。虽然它身形很小，可在它的身上集合了太阳能车的所有功能与特点。是一辆非常有实用潜力的太阳能电车。

408. 最节油的汽车

1994 年，日本本田汽车公司的一个汽车科研小组，研制出一辆创新世界

汽车节油的纪录的小汽车。这辆整车自重只有 28 千克的小汽车上装有一台排气量只有 0.043 升的单缸发动机，更为惊人的是，这辆小汽车只用 1 升汽油就可以行驶 3 000 千米的路程。这样下来不但减少了对空气的污染，还减轻了一些经济问题。

409. 最长的汽车

世界上最长的汽车诞生在美国加利福尼亚州，设计师是伯班克市杰·奥尔伯格。这辆超级汽车的全身长达 30.5 米，一个成年人要用 30 多步才能从车头跑到车尾，而整辆汽车有 26 个车轮支撑。这样的轿车行驶在街头，人坐在里头一定感觉很舒服吧。

410. 行驶里程最长的汽车

有文字记录的汽车行驶最长里程是 1 906 879 千米，这是 1978 年 8 月从一辆 1957 年生产的梅塞德斯——奔驰 180D 型车上记下的数据。该车的主人是美国华盛顿州奥林匹亚的罗伯特·奥莱利。汽车所能行驶的最大里程是检验汽车质量的重要标准之一。一般的汽车在行驶 60 至 70 万千米后就报废了，有的汽车由于质量问题可能连这个最基本的行驶里程都达不到。

411. 最早的汽车展览

1894 年 12 月 11 日至 25 日，在巴黎香榭丽舍大街产业宫举办了一场汽车展览——"世界自行车、汽车博览会"。这次小聚会成就了世界上最早的汽车展览。当时，只有 9 家公司参加展出，展品有自行车、摩托车、蒸汽机汽车和汽油汽车。这次展览给后人提供了很好的较领先的布局和模式。

412. 最大的汽车公司

通用汽车公司是世界上最大的汽车公司，它位于美国密歇根州底特律市。该公司汽车产量居世界第一位，多年来一直保持着世界最大工业公司的榜首，并且多次蝉联世界商业公司500强的首位。是世界汽车公司中的"老大"。

413. 最早的公交车

公交车已是现代人的必需交通工具。1895年3月18日，世界上第一辆公共汽车出现在德国，当时被称为"马达式公共汽车"的这辆公交车来往于德国的3个小镇之间。这辆车的空间很小，车厢内只能乘坐6人，时速只有20千米，比我们现在骑自行车的速度快不了多少。尽管如此仍为今天如此舒适的公交车做出了好榜样。

414. 最早的地铁

世界最早的地下铁道是1863年建成的伦敦铁道。这条铁道全长6 000米，从提出建造方案到通过政府的审核，再到修建成功，一共花了20年的时间。

415. 历史最久远的法医学著作

《洗冤集录》是世界上第一部比较完整、系统的法医学专著。它的作者是我国宋代法医宋慈，它比欧洲最早的法医学专著早了350多年。宋慈在自己丰富的实践经验基础上，对当时的尸伤检验著作进行了综合整理，用两年的时间编写成了《洗冤集录》。《洗冤集录》共有5卷53条。内容包括法医检验的重要性及具体的步骤、疑难伤亡现象的辨别、真假伤痕的剖析等等。

416. 最早应用指纹破案的国家

指纹各不相同，世上有多少个人，就有多少种指纹，所以早在秦代，我国人民就已经认识到指纹的作用了。在汉代，指纹被正式使用于刑事诉讼中。元代时候，有了通过分析指纹纹理推断年龄来审理复杂案件的案例。

417. 年代最久远的法典

俗话道："没有规矩，不成方圆。"世界上最古老的法典是《汉谟拉比法典》。它是由古巴比伦国王汉谟拉比颁布的，距今已有 3 800 多年了。《汉谟拉比法典》反映了古巴比伦的社会情况，是研究古巴比伦王国的重要史料。这部法典现存于巴黎卢浮宫博物馆。

418. 最早的一部成文宪法

世界上最早的一部成文宪法是美国 1787 年的宪法。独立战争后，美国建立了联邦国家。政权建立初期，美国的内政外交很不稳定，于是各联邦决定召开制宪会议，来加强统治。1787 年 5 月各代表开始讨论宪法草案，1789 年正式宣布这一宪法为《美利坚合众国宪法》。该宪法是由序言和 7 条正文组成的。

419. 最古老的国旗

国旗是一个国家的象征，有着不同的含意。丹麦的国旗是世界上最古老的国旗，被称为"丹麦人的力量"。丹麦的国旗是红底的，上面偏左有一个红色的不对称的"十"字。根据丹麦史诗的记载，国旗的样式是在 1219 年 6 月 15 日出现的。

420. 最大的军事政治组织

二战结束后，美国为了联手打击社会主义国家，也为了保证自己在世界上的霸权地位，出面在欧洲组织了"北大西洋公约组织"（简称"北约"），这个组织迄今仍是世界上最大的军事政治组织。

这个组织最初包括美国、加拿大、英国、法国、荷兰、比利时、卢森堡、挪威、冰岛、葡萄牙、意大利和丹麦共 12 个国家。

421. 第一位女总理

男女平等，现在已经逐渐得到实现，女人不再像古代时那样没有自己的权利和管理的权力。早在 1960 年 7 月，在斯里兰卡的大选中，斯里兰卡自由党取得胜利，西丽玛沃·班达拉奈克夫人出任总理兼国防和外交部长，成为世界上第一位女总理，比著名的英国首相撒切尔夫人和印度总理甘地夫人还要早。这一选举充分说明女人同样可以打下一片天，同样精明能干。

422. 最大的青铜器

世界上出土的最大的青铜器是我国的司母戊大方鼎。司母戊大方鼎是我国商代铸造的，是商王为祭祀他的母亲"戊"而制，所以取名司母戊大方鼎。1939 年河南安阳的村民无意中发现了这个大鼎。司母戊鼎的形状是长方形，高 133 厘米，总重量达 875 千克。大方鼎造型古朴，韵味十足。虽然形大体重，但制作工艺非常精巧，纹路精美绝伦，清晰美观。

423. 最早的玉器

我国是世界上开采和使用玉最早、最广泛的国家。辽宁的查海遗址出土

了大量的玉器，经科学鉴定，都为透闪石软玉。查海玉器距今已有 8 000 年的历史了，这把我国使用真玉的年代提前了将近 2 000 年。我国真的是地大物博，这么多的奇珍异宝，让人目不暇接。

424. 最早的浴盆

现代的快节奏生活，使人们感到疲惫。下了班后能够泡一个舒舒服服的澡，真是很好的享受。我国的虢季子白盘可以说是世界上最早的浴盆。虢季子白盘是先秦时代铸造的，迄今已有 2 800 多年了。白盘的形状为长方形，很像现代的浴缸。盘子的周身铸有雕刻精美的纹饰，前后左右共有 8 个兽头，兽头的形象极为生动。

425. 最早的养猪遗址

现在有人养宠物猪，看来猪已成为"新宠儿"。我国是世界上养猪最早的国家，迄今发现的最早的养猪遗址是广西的甑皮岩洞穴遗址。甑皮岩洞穴遗址是在 1973 年发掘的，属于新石器时代遗址，迄今 7 500 年至 9 000 年。考古工作者在洞穴的地层内发现了 67 头猪骨骼，其中有 40 头能比较准确地鉴定出年龄。它们的年龄大多在 1 岁半以上，最大的不超过两岁，大多是人工饲养。由此推断，我们的祖先很早就开始驯养家畜了。

426. 最早使用火的原始人类

世界上最早使用火的原始人类是我国的元谋人。元谋人遗址是 1965 年在云南省元谋县那蚌村发现的。考古研究证明，元谋人距今大约有 170 万年，是我国最早的原始人类。还发现了很多燃烧过的炭屑和兽骨，显然是燃烧过的。这说明元谋人已经掌握了天然火的使用。元谋人遗址是人类最早用火的实证，这一发现把人类用火的历史大大提前了，在人类进化史上占有重要的位置。

427. 人类最早的祖先

"人类是造物主的奇迹",人是最高级的动物,我们人类最早的祖先要追溯到森林古猿了。森林古猿最早是在法国发现的。经考古发现,大约在1 800万年前—2 300万年前,森林古猿就生活在热带雨林地区和广阔的草原上,据说它们是我们人类最早的祖先。非洲、亚洲和欧洲的许多地区都曾发现过森林古猿的化石和存在的遗迹。

428. 最大的陵墓

世界上最大的陵墓是我国的秦始皇陵。秦始皇陵位于陕西临潼县东。秦始皇13岁即位时,就开始建造自己的陵园,直到死后才完成,历时37年。从远处看去,秦始皇陵墓像一座小山,整座陵墓上栽满了石榴树。秦陵的规模宏大,气势雄伟。呈南北长方形。秦陵的东面1 500米处是大型的兵马俑坑,西面是车马陪葬坑及大批刑徒的墓地。秦始皇陵目前尚未发掘,墓内的情况仍是一个谜。

429. 最长的城墙

我国有"不登长城非好汉"的说法,世界上最长的城墙就是我国的长城。它像一条矫健的巨龙,从西北的嘉峪关盘旋向东,翻越崇山峻岭,穿越沙漠,跨过草原,直达鸭绿江畔,全长63 500千米。凡是登过长城的人无不惊叹它的雄伟壮观。这样浩大的工程经过20多个朝代的不断修建才最终完成。我们今天看到的长城大部分都是明代修筑的。

430. 最大的金字塔

金字塔是古埃及法老的陵墓,也是埃及的象征。世界上最大的金字塔是矗立在尼罗河岸边的胡夫金字塔。胡夫金字塔的高度为 146.59 米，底边长度为 230 米，由 250 多万块石块砌成，平均每块重约 2.5 吨，像一辆小汽车那样大，而大的甚至达到 50 吨。整个金字塔建筑在一块巨大的凸形岩石上。迄今已有 4 700 年的历史。

431. 最古老的金字塔

目前世界上最古老的金字塔是埃及的卓瑟王阶梯式金字塔。它位于埃及古城孟菲斯附近的萨卡拉，是由埃及第三王朝的卓瑟王在公元前 2680 年左右建造的，距今已有 4 600 多年的历史了。金字塔共有 6 层阶梯，高约 62 米（现高 58.8 米），底部东西长约 121 米，南北长约 109 米，成为当时最雄伟壮观的建筑之一。

432. 最贵重的佛教金塔

缅甸佛塔瑞光大金塔是世界上最大的佛教金塔。享有盛名的金塔始建于公元前 585 年，经过 2 500 多年的改善、扩建，最终形成了今天的庞大规模。塔形犹如一口覆在地上的巨钟，气势宏伟。大塔高 112 米，由砖砌成，外面贴满纯金箔。传说由于历代不断的修饰，贴在上面的黄金已有 7 吨多重。塔顶完全用黄金铸成，镶有 5 448 颗钻石和 2 317 颗红蓝宝石。塔尖还装饰有1 065 个金铃和 420 个银铃，每当微风吹过，铃声随风响起，清脆悦耳。

433. 规模最大的古代宫殿建筑群

我国的故宫是我们几个朝代的皇家宫院，也是世界上规模最为宏大的古代宫殿建筑。它位于我国首都中心，又称紫禁城，迄今已有 600 多年的历史了。故宫总面积有 72 万平方米，足有 100 个标准足球场那么大，其中建筑面积 15 万平方米，约有各式殿宇 9 999 多间，是世界上至今保存最为完整的古皇宫建筑。故宫每天都有上千人去参观，一览古人的建筑风格。

434. 海拔最高的宏伟建筑群

我国西藏是世界的屋脊，在世界屋脊上建造的布达拉宫就成为世界上海拔最高，集宫殿、城堡和寺院于为一体的宏伟建筑。宫殿位于日光城拉萨市西北的布达拉山上，海拔 3 700 多米，占地面积 36 万平方米，有 51 个足球场那么大。大小房间共 1 000 余间，是一处著名的旅游胜地。

435. 最大的宗教建筑群

位于柬埔寨的吴哥窟是世界上最大的宗教建筑群。它占地 195 万平方米，包括了 10 多个神殿和数十组遗迹。其中最核心的建筑是 5 座玉米状的宝塔，最高的一座有 65 米高，据说这些塔代表了印度教的神山。吴哥窟所有的建筑都是用庞大的沙岩石重叠砌成的，这些沙岩石一般重达 1 吨，有的石块重达 8 吨，整个建筑群共使用了约 30 亿吨石头。

436. 最大的坛庙建筑群

位于我国首都正阳门外的天坛是世界上最大的坛庙建筑群。天坛建筑于明永乐四年至十八年（1406 年—1420 年），迄今已有 580 多年的历史了。天坛以前是明清两代皇帝祭祀天地，祈求风调雨顺、五谷丰登的地方。它总面积约为 273 万平方米，相当于故宫的 3 倍。

437. 规模最大的神庙群

位于尼罗河上游卢克索古城的卡尔奈克神庙群是世界上规模最大的神庙群，也是古埃及帝国遗留的最壮观的神庙。整个建筑群包括大小神殿 20 余座，占地达 30 多万平方米。主建筑为供奉太阳神的阿蒙神庙，它始建于 3 000

多年前的十七王朝，在以后的 1 000 多年里曾不断地扩建。目前，其占地面积已达 18 万平方米。主殿内有 134 根巨型石柱，其中 12 根高 20 多米，周长 10 米多，要 6 个人才能合抱过来。柱头雕刻成纸莎草花盛开的形状，远远看去甚是壮观。

 ## 438. 最大的天主教教堂

世界上最大的天主教教堂位于梵蒂冈城圣彼得广场的圣彼得大教堂。教堂从 15 世纪中期开始兴建，用了 170 多年才建成。整座教堂占地面积达 15 000 多平方米，可同时容纳 5 万多人。

 ## 439. 最大的佛塔遗迹

婆罗浮屠位于印度尼西亚爪哇岛的中部地区，是目前世界上最大的佛塔遗迹，佛塔呈金字塔形，以大小不同的平台层叠上升，共有 10 层，所以有"印尼金字塔"之称。塔身全部是使用灰黑色的石块垒砌而成，高 42 米，是孔洞的实心建筑。最高的平台上有一座直径为 9.9 米的巨大钟罩式主佛塔。整座塔共保存了 505 尊佛像，1 460 幅反映佛陀生平事迹和佛教故事的浮雕，72 个钟罩式小塔，无论从数量上看，还是从雕刻工艺上看都是举世无双的。

 ## 440. 最著名的凯旋门

凯旋门遍布世界各地，但世界上最著名的凯旋门是法国的巴黎凯旋门。它也是现今世界上最大的一座圆拱门，位于巴黎市中心戴高乐广场上。1806 年，拿破仑为纪念奥斯特利茨战役的胜利，下令修建了这座凯旋门，用了 30 年最终建成。这座凯旋门高约 50 米，看上去宏伟壮观，气势非凡。它四面有门，中心拱门宽约 15 米。现在已成为巴黎市的一道亮丽风景。

441. 最高的斜塔

伽俐略大小铁球的自由落体实验已为世人所熟知，不过他做实验的这座塔恐怕知道的人并不多。这座塔就是著名的比萨斜塔。比萨斜塔位于意大利中部比萨古城内的教堂广场上，是世界上最高的斜塔。塔为 8 层圆柱形建筑，高 54 米，全部用白色大理石砌成，造型古朴，是罗马建筑艺术中的骄傲。现今塔的斜度已达到 8 度，塔身超过垂直平面 5 米。不过即使是遭受强烈地震袭击，它也没有倒掉。这种"斜而不倒"的现象，被誉为世界建筑史上的奇迹。

442. 最古老的大学

世界上最古老的大学出自非洲北部国家摩洛哥。1 000 多年前，摩洛哥是当时伊斯兰教义的传播中心。为了适应当时越来越多人信仰伊斯兰教的需要，公元 859 年，位于摩洛哥非斯城的卡拉维因大学成立了。它迄今为止已经有1 150 多年的历史了，比法国的巴黎大学、英国的牛津大学都要早得多。

443. 最大的广场

位于我国首都中心的天安门广场是世界上最大的广场。天安门于明永乐十八年（公元 1420 年）建成，原是明清两代王朝举行"颁诏"大典的地方，后来成为人们举行爱国民主运动的集会场所。1949 年 10 月 1 日，毛泽东主席在这里庄严宣告中华人民共和国成立了，中国人民从此站起来了。目前广场南北长 880 米，东西宽 500 米，面积达 44 万平方米，足有 63 个标准的足球场那么大，可以容纳百万人举行集会，天安门广场每天都会吸引上千个国内外游客参观，拍摄留念。

444. 现存历史最久远的敞肩拱桥

小学课本里我们已对拱桥有了初步了解。赵州桥，也叫安济桥，位于我国河北的赵县，是世界上现存最早、保存最好的敞肩拱桥。这座造型美观、结构独特的石拱桥是隋代大业年间，由著名建筑师李春设计建造，距今已有1 400多年了。它全长50.82米，宽9.6米，跨径约37米，拱矢度（即桥洞的高度）7.23米，跨径如此之大的石拱桥在世界桥梁史上实属罕见。

445. 桥梁最多的城市

意大利东南部的威尼斯素有"水城"之称，因而成就了它是世界上桥梁最多的城市，又被称为"桥城"。它是一个完全建在水上的城市，由120个左右的小岛屿组成，117条纵横交错的水道构成了城市的大街小巷，所以桥在这里是必不可少的交通要道。整座城市大概有400座桥，开门见水，出门走桥。

446. 最早酿酒的国家

我国是世界上最早酿酒的国家。我国的酿酒历史源远流长，甚至可以追溯到原始社会。那个时候，远古人在劳动中发现，那些发酵的果类和谷物会产生一种浆液，品尝起来味道很不错。后来，人们就开始不断地实践，慢慢发现了果物发酵的原理，并在此基础上发明了酿酒的技术。

447. 最早的啤酒厂

位于慕尼黑郊区的威亨斯蒂芬啤酒厂是目前世界上最早的啤酒厂，该厂自1040年获得酿造和销售啤酒的特权以来，迄今从未中断过生产。该厂也第一次在世界上实现了啤酒的大规模酿造，大大降低了生产成本，这样啤酒就会更容易被人们接纳和喜爱。

448. 最早生产冰激凌的国家

我国很早就学会了利用天然条件制冷，是世界上最早生产冰激凌的国家。早在公元前 500 年，我国就有了贮冰的冰窖。当时还设立了专门掌管冰凌的官职，称为"凌人"。到了唐代，长安城的市场上开始出售冷饮。宋代冷饮的品种已经相当丰富，有了用奶制成的冷饮，当时称为"冰酪"，这就是最早的冰激凌。现代的冰激凌可谓花样百出，不过这也缘于古老的基础作出的贡献。

449. 最早的足球运动

足球也是一项强身健体的好运动。足球在我国有着悠久的历史，根据古老的甲骨文记载，公元前 1000 多年前，我国就已出现了足球游戏和比赛，当时的足球是用草或毛发制成的，叫做"鞠"。从公元前 2 世纪的汉代开始，足球改用熟皮制作，内充毛发。后来，我国的足球经波斯、埃及、意大利后辗转传播到英国，逐渐发展、演变成现代足球的模式。

450. 得到最高荣誉的足球运动员

"球王"贝利的名字叫做埃德逊·阿兰德斯·多·纳西门托，未满 17 岁的贝利入选国家队，在世界杯赛上，他以令人惊叹的个人技巧驰骋绿茵场，使国际足坛惊叹不已。在贝利率领下，巴西足球超越了一个又一个巅峰，贝利本人也成为迄今世界上唯一夺得过 3 届世界杯冠军的球员。在他长达 22 年的职业足球生涯中，他共参赛 1 364 场，射入 1 282 个球，去过 88 个国家，会见过 10 位国王、5 位皇帝、70 位总统、40 位国家元首和两位教皇。另外，世界上以他的名字命名的歌曲有 90 多首，他给人们的签字已不计其数，数量超过了世界上任何一位文豪、影视明星和国务活动家、政治家。这样骄人的成绩，真是羡煞旁人呐！

451. 年纪最大的马拉松运动员

马拉松运动锻炼人的意志、耐力、体力等多方面的素质。就在 1976 年 10 月 10 日，希腊人季米特里奥·恩约尔·丹尼迪斯创造了一个历史性神话，在希腊雅典的马拉松赛场上，这位 98 岁的老人用了 7 小时 33 分钟的时间跑完了马拉松全程，成为历史上年纪最大的马拉松运动员。

452. 投篮最准的运动员

有记载的投篮最准的人是来自美国加利福尼亚州圣约瑟城的神投手——纽曼，纽曼于 1975 年 5 月 31 日到 6 月 1 日的 24 小时内连续投篮 13 116 次，投中 12 874 次，投中率高达 98. 15%。他还在 1977 年 10 月 23 日在加利福尼亚州圣乔斯城中央青年会上，蒙着眼睛进行罚球表演，投中率竟高达 80%。

453. 最早的奥林匹克运动会

在希腊首都雅典西南约 300 多千米的地方，在湍急的阿尔菲斯河畔，有一块丘陵地带，它就是世界著名的古奥运会发源地——奥林匹亚。公元前 776 年 7 月 20 日，世界上第一次奥林匹克运动会就是在这里举行的。奥林匹克运动会原名奥林匹亚竞技，起源于奥林匹亚居民的祭神仪式，后发展成为整个希腊祭拜宙斯的大典，每隔 4 年举行一次，每次会期大概是 5 天，当时不允许女人参加，如被发现参加或者观看都要被处以死刑。

454. 最早的航海家

世界上最早的航海家就是我国明代的"三保太监"郑和。郑和出生于今天的云南省昆明市，原本姓马，是回族人，10 岁被掳入明营，阉割成太监，后积功升为内宫监太监，宣德六年钦封为三保太监。从 1405 年到 1433 年，一共用了 28 年的时间。在这 28 年间，郑和的船队到过亚非 30 多个国家和地区，最远曾经到达东海岸和红海海口。

455. 最早实现环球航行的人

费尔南多·麦哲伦是最早实现环球航行的人。1513 年，麦哲伦提议葡萄牙国王支持他进行环球航行，遭拒绝后，他愤而投奔西班牙皇室，并在那里得到了重用。再次出航的麦哲伦带领船队渡过大西洋，到达了美国最南端，再横渡太平洋，到达菲律宾群岛，之后返回西班牙，麦哲伦用了 3 年时间完成了人类历史上的第一次环球航行。

456. 最快的沙漠穿行者

沙漠就像个死神，不过人类喜欢挑战，挑战世界第一大沙漠——撒哈拉沙漠（绵亘埃及、苏丹、利比亚等国，面积有 800 多万平方千米，跨度达 220 千米）。1998 年，摩洛哥冒险家穆罕默德·阿汉萨尔，仅用 16 小时 22 分 20 秒的时间就完成了撒哈拉沙漠的越野长跑挑战，成为迄今为止最快穿越这个沙漠的探险家。

457. 第一个登上珠穆朗玛峰的人

位于我国和尼泊尔两国边界的珠穆朗玛峰是喜马拉雅山的主峰，也是世界第一高峰。在埃德蒙·希拉里和丹增·诺尔盖登顶之前，人类曾有 9 次向它进行挑战，不过全都以失败而告终。1953 年 5 月 29 日上午 11 时 30 分，新西兰登山家埃德蒙·希拉里和尼泊尔人丹增·诺尔盖克服千难万险，从珠穆朗玛峰南坡携手登上顶峰，终于成功地挑战了珠峰。

458. 最能睡的人

世界上最能睡的人名叫菲利浦·莱瑟，伯明翰人，生于 1920 年，他于 1931 年不幸患上了"睡眠症"，他这一睡就是 71 年，2002 年 12 月 17 日去世，享年 82 岁。在他还没有患上"睡眠症"之前，曾被认为是个天才，无师自通就能够很娴熟地弹奏钢琴。所以菲利浦·莱瑟被称为是最能"睡"的人。

459. "长颈鹿"民族

卡亚尼族的女性在 5 岁的时候就开始在脖子上带一根直径为 1.5 厘米的黄铜卷，随着年龄的增长定期加圈，等到她们成年的时候脖子上就有 20 多个用来装饰的铜环有时甚至有三四十个之多，可达 30 厘米，这么多黄铜卷，使卡亚尼族妇女的脊椎骨受到的压力越来越大，锁骨和肋骨也被压了下来，脖子就渐渐拉长了。所以被称为是世界上脖子最长的民族。

460. 人类最大的灾难

老鼠与人类的斗争怕是难以结束了。人类有史以来最大的灾难就是 14 世纪到 17 世纪于欧洲大陆蔓延一时的鼠疫。这次鼠疫在欧洲猖獗了 3 个世纪，据记载共夺去了 2 500 万人的生命，不过到了 1666 年，该鼠疫突然间消失了。当时大多数人认为是环境卫生和个人卫生条件的改善消灭了这种病菌。

461. 最严重的一次水灾

自古水火无情，1887 年春季，我国河南省遭受暴雨袭击，水位急速上涨，黄河在流经郑州的急转弯处决口。河水奔腾东泻，毁掉了中牟城，沿途吞没了 600 多个村庄和城镇。当洪水到达古城开封的时候，水位已经高达 12 ~ 15

米，很快就淹没了开封以东平原上的1500多座村庄。

这场毁灭性的灾难造成的破坏和损失难以估计，死亡人数不计其数，有人认为死亡人数高达700万。总之，这是有史以来最严重的一次水灾。

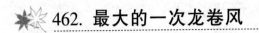 462. 最大的一次龙卷风

最大的龙卷风要算美国记录到的那一次了。1925年3月18日，美国出现了一次强大的龙卷风，它的运动时速为96.6千米，横穿过3个州，行程达354千米，造成大量财产损失，使689人死亡，1 980人受伤。这是世界上迄今为止有记录的最大一次龙卷风。

463. 死亡人数最多的地震

1556年是我国的明朝时期，那是一个多灾多难的年头。2月2日农历新年前夕，一场大地震在今河南、陕西、山西一带发生，大量的建筑物瞬间倒塌，造成巨大损失，据记载死亡人数高达83万之多。根据零星的记载估计，这场地震为里氏8.1级左右。有资料显示，在1555年三省（河南、山西、陕西）人口总数约为2 273万人，而到了1558年就只剩下1 500多万人了。

464. 最大的地震

1960年5月22日19时11分发生在南美智利的地震，达到8.9级，是有历史记载的最大地震。

地震当天接连发生了5次里氏7级以上的大地震，最强一次达里氏9.5级。震中区几十万幢房屋倒塌，有的地方甚至在几分钟内下沉两米，形成巨大的塌陷。

465. 最大的地震带

　　全球主要地震活动带有 3 个：环太平洋地震带、欧亚地震带和海岭地震带。其中最大的是环太平洋地震带，也就是太平洋的周边地区，包括南美洲的智利、秘鲁，北美洲的危地马拉、墨西哥、美国等国家的西海岸，阿留申群岛、千岛群岛、日本列岛、琉球群岛以及菲律宾、印度尼西亚和新西兰等国家和地区。这个地震带是地震活动最强烈的地带，全世界几乎 80% 的地震都发生在这一地带。

466. 最具毁灭性的一次工业事故

　　1984 年 12 月 2 日晚上 11 时，在印度博帕尔的北郊美国联合碳化物公司工厂，储存罐里的毒气发生了泄漏。当时自动安全阀门已经失灵，其他的安全装置也没有派上用场。所以，造成 2 500 人死亡，20 万人中毒，全市 67 万人的健康受到威胁，也是世界历史上最严重的工业事故。

467. 最惨烈的飞机相撞事件

　　飞机相撞，可以想象有多惨。世界上最惨烈的飞机相撞发生在 1997 年 3 月 27 日，两架分别属于美国泛美航空公司和荷兰航空公司的波音 747 客机，在加那利群岛的特内里费岛机场跑道上相撞，造成大量人员死亡，死亡者中包括泛美航空公司客机上的 326 名乘客和荷兰航空公司客机上的 249 名乘客。

468. 规模最大的战争

　　1939 年—1945 年，德国、意大利、日本等法西斯国家发动了一场人类历史上规模最大的战争——第二次世界大战，先后有 61 个国家和地区、20 亿以上的人口被卷入了这场战争，军民死亡达 5 120 余万人，最后以德、意、日 3 个法西斯国家的彻底失败而告终。

 ## 469. 规模最大的海战

1944 年，日军在太平洋海战中已经处于败势。10 月，数十万美军在日本占领的菲律宾群岛中部的莱特岛登陆，日军大举反扑，组织了包括 4 艘航母在内的 64 艘战舰。但美军并不示弱，调动了 12 艘航母在内的 166 艘战舰和 1 800 多架飞机，准备开战。

战斗中，日军遭到了惨重的打击，4 艘航母全部沉没，其他舰艇也损耗殆尽，飞机损失 400 余架，伤亡 7 400 多人。

这场大战使得日军海军主力遭到毁灭性的打击，从此失去了与美军抗衡的实力，也为日军的彻底失败敲响了丧钟。

 ## 470. 规模最大的空战

1940 年 6 月，英法联军从法国敦刻尔克撤退到英国，德国完全控制了法国、比利时、荷兰等国。胜利冲昏了希特勒的侵略野心，他决定再一次侵袭英国本土，于是制定"海狮"计划，准备展开大规模的空袭。

自 8 月 10 日起，德国空军全面出击，空战进入了高潮。英国北部的空中满布硝烟、战火和飞机的轰鸣，几百架战斗机同时在空中厮杀拼打，两国互相轰炸对方的首都和大城市。空战中德国损失了 2 676 架飞机，损失了飞行人员 6 000 名以上，英国则损失了飞机 915 架，飞行员 440 名。

两个月过去了，空袭并没有达到希特勒预定的目标，所以希特勒不得不于 10 月 12 日宣布推迟"海狮"计划，这标志着德国在这场有史以来规模最大的空战中遭受了彻底的失败。

471. 规模最大的坦克战

1943 年 7 月，德军集中了 65 个师（其中 20 个坦克师），坦克、自行火炮

3 200 辆围攻苏军防守的库尔斯克。7 月 12 日，苏军对损失惨重的德军发起了反击。在库尔斯克平原上，苏军 850 辆坦克和德军 700 辆坦克相遇，双方展开了一场有史以来规模最大的坦克大战。弹药、油料用光了，坦克就退下去填药加油，然后再杀回战场。坦克手们在温度高达五六十度的车内拼杀，坦克被击毁后，他们甚至在外面用手枪继续拼杀。

天黑的时候，德军丢下了 400 多辆坦克和自动火炮败下阵来。苏军也损失惨重，坦克被击毁了 300 多辆。

472. 最早的航母大战

二战期间，为了控制西南太平洋，1942 年 5 月，日军舰队抵达珊瑚海，5 月 7 日，美军侦察机发现日军"祥鹤号"航母与四艘巡洋舰单独行动，立刻集合两艘航母，派出 76 架飞机快速袭击"祥鹤"，用了短短 15 分钟就将其击沉。

到 5 月 8 日清晨，双方侦察机几乎同时发现对方，于是都派出飞机编队互相攻击，双方航母在轰炸中不同程度受伤，美军"列克星敦号"航母沉没。

这场海战完全由舰载机交战，双方舰队远距离决定胜负，在海战史上开创了航母交战的先例，也因此得到了军事学家的高度重视。

473. 最早的毒气战

1915 年 3 月，德军毒气施放团利用夜间接近英军和法军阵地，布下 180 吨共 6 000 个氯气钢瓶。4 月 22 日 17 时，当大风从德军阵地吹向联军阵地时，德军将钢瓶同时打开。一片黄绿色的烟云马上借着风势向联军阵地飘去。

在伊普雷毒气大战中，英法联军 1.5 万人受到毒害，近 5 000 人窒息死亡，从此毒气开始成为人类战争中最可怕的武器之一。

474. 历时最久的战争

历时最久的战争要算英法两国在法国土地上进行的一场持久性的战争。

这场战争从 1337 年爆发，到 1453 年结束，前后延续了 100 多年，历史上称之为"百年战争"。

475. 古代规模最大的奴隶起义

公元前 73 年，世界古代史上最大的一次奴隶起义——斯巴达克思起义。

70 个起义的角斗士们在维苏威火山上安营扎寨，许多逃亡奴隶和农民纷纷前来投奔，很快队伍发展到了约 1 万人，并多次战胜罗马军队，最壮大时达到 7 万人。

在兵力占优势的罗马军队围攻下，起义军最终于公元前 71 年在卢卡尼亚全军覆没，6 000 名俘虏被罗马人钉死在从罗马城到加普亚一路的十字架上，斯巴达克思也壮烈牺牲，可见战争有多残忍。

476. 世界上最大的沙岛

崇明岛位于长江入海口和我国东部海岸的中心位置，是世界上最大的沙岛。崇明岛狭而长，形如春蚕，东临浩瀚的东海，西接万里长江，北与启东、海门一衣带水，南依上海市，属长江冲积平原。是我国仅次于台湾岛和海南岛的第三大岛。

崇明岛于公元 618 年露出水面，迄今已有 1 300 多年历史。由于长江携带的大量泥沙淤积，崇明岛每年以 143 米的速度向东海延伸，增加土地约 487 公顷。

477. 世界上最大的天坑群

1998 年国土资源部在广西壮族自治区百色地区乐业县进行土地资源调查时，发现一种世界罕见的地质奇观——喀斯特漏斗群，又称乐业天坑群。该地区为典型的喀斯特地貌（即岩溶地貌）。当地降水量大，为地下洞穴的发育提供了良好条件。

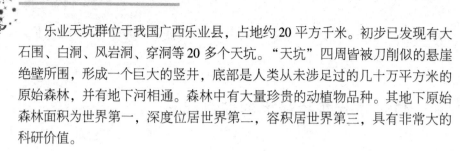

乐业天坑群位于我国广西乐业县，占地约 20 平方千米。初步已发现有大石围、白洞、风岩洞、穿洞等 20 多个天坑。"天坑"四周皆被刀削似的悬崖绝壁所围，形成一个巨大的竖井，底部是人类从未涉足过的几十万平方米的原始森林，并有地下河相通。森林中有大量珍贵的动植物品种。其地下原始森林面积为世界第一，深度位居世界第二，容积居世界第三，具有非常大的科研价值。

✿ 478. 世界最大的充水溶洞

我国本溪水洞是世界最大的充水溶洞，水洞全长 3 000 多米。洞中广布钟乳，形态万千，水流之处，甚是壮观，每一位游人都叹为观止，所以被中外游人誉为"天下奇观"、"北国一宝"。

✿ 479. 世界最狭长的国家

智利全称智利共和国，位于南美洲西部沿海。东部与阿根廷接壤，北连玻利维亚、秘鲁，南部与南极洲隔海相望，西濒大西洋。面积 74.176 7 万平方千米。南北国土长约 4 332 千米，东西宽 90~401 千米，是世界上最狭长的国家。

✿ 480. 世界上最高的首都

拉巴斯是玻利维亚议会、政府所在地，全国最大城市。位于玻利维亚高原东部拉巴斯河谷内，西北距的的喀喀湖 55 千米。海拔 3 577 米，是世界上最高的首都。人口约 100 万。原为印第安人村落。1548 年因在拉巴斯河发现沙金而建城。1898 年成为实际首都（法定首都为苏克雷）。20 世纪以后，由于周围矿区的发展和交通运输的发展，迅速成为全国最大的经济中心。

481. 世界最高的死火山

阿空加瓜山为南美洲安第斯山脉的第二高峰，为世界最高的死火山。地处阿根廷门多萨省西北端，临近智利边界，地理坐标南纬 32°39′和西经 70°。海拔 6 960 米。由第三纪沉积岩层褶皱抬升而成，同时伴随着岩浆侵入和火山发生作用，峰顶较为平坦，堆积安山岩层。东、南侧雪线高 4 500 米，冰雪厚达 90 米左右，孕育了多条现代冰川，其中菲茨杰拉德冰川长达 11.2 千米，终止于奥尔科内斯河，然后泻入门多萨河。

482. 世界最深的峡谷

1998 年 4 月 17 日，我国科学家首次确认：最深处达 5 382 米的雅鲁藏布江大峡谷是地球上最深的峡谷。从此，过去被称为世界第一大峡谷的深达 3 200 的秘鲁科尔卡大峡谷将退居次要地位。

这项重大成果是我国科学院地理学家杨逸畴、大气物理学家高登义、植物学家李渤生一致推出的，并得到国际第四纪研究联合会主席、我国科学院院士刘东生教授的赞同和支持。据介绍，研究人员不辞艰险，曾多次深入雅鲁藏布江大峡谷考察，对这里的地质、地貌、植被和水汽通量等学科的研究深度，具有公认的权威地位。

483. 世界最大的内陆盆地

我国天山与昆仑山之间的塔里木盆地，面积 53 万平方千米，是世界最大的内陆盆地。盆地中部是我国最大的固定、半固定沙漠塔克拉玛干大沙漠，面积 33.7 万平方千米，为世界第二大流动性沙漠。

484. 吞吐量最大的海港

　　鹿特丹是荷兰的第二大城市，而鹿特丹港则是闻名全球的世界第一大港。港口的年进出量已超过 5 亿吨。该港港区面积达 100 平方千米，码头海岸线长达 90 千米，有泊位 656 个，深水港可停靠最巨大的货轮。

485. 世界"寒极"

　　1838 年，俄国商人尼曼诺夫路经西伯利亚的亚尔库次克，无意中测到了一次零下 60℃ 的最低温度，在当时引起了一场轰动。但是谁也不太相信这位商人测得的记录是正确的。47 年以后，也就是 1885 年 2 月，在位于北纬 64°的奥依米康，人们测得了零下 67.8℃ 最低温度，这一次真正获得了"世界寒极"的称号。

　　1957 年 5 月，位于南极"极点"的美国安莫森—斯考托观测站传出了一个惊人的消息，那里的最低气温降到零下 73.6℃，因而"世界寒极"由北半球迁到南极去了。同年 9 月，这个观测站又记录到了一个更冷的零下 74.5℃ 的温度。

486. 世界"雨极"

　　1816 年，位于世界屋脊喜马拉雅山南麓的印度阿萨密邦的乞拉朋齐，一年里下了 20 447 毫米的雨量，夺得了世界"雨极"的称号。以后来自世界各大洲的年雨量纪录，都远远落在它的后面。时隔 99 年以后，也就是 1960 年 8 月~1961 年 7 月乞拉朋齐再一次以 26 461.2 毫米的成绩，打破了它自己的纪录，蝉联了世界"雨极"的荣誉。

487. 世界"旱极"

在南美洲智利北部沙漠里，有一个不知名的地方，从 1845 年到 1936 年整整 91 年里，都不曾落过一滴雨，被称为世界"旱极"。

488. 世界"热极"

早在 1879 年 7 月，在阿尔及利亚的瓦拉格拉就测到了 53.6℃的最高气温，遥遥领先于吐鲁番盆地 47.8℃的纪录。此后 30 多年里没有突破。不过到了 1913 年 7 月，在美国加利福尼亚州的岱斯谷中，测得了 56.7℃的纪录，夺得了"世界热极"的称号。不到 10 年，也就是 1922 年 9 月，利比里亚的加里延温度突然上升，创造了 57.8℃的最高纪录，"热极"又从北美洲大陆又返回了非洲。

489. 阳光最多的地方

"太阳是大地的母亲"，正是有了太阳光的照耀，才使地面富有生气：疾风劲吹，江水奔流，花开果熟，万物生生不息。太阳是一个取之不尽用之不竭的能源。人们一直在想办法怎样有效地利用太阳能。

到了 20 世纪 70 年代，气象观测站逐渐增多了，科研者发现撒哈拉大沙漠东部阳光最多，那里年平均日照时数达 4 300 小时；也就是说，每天大约有 11 小时 45 分钟的时间能见到光辉灿烂的阳光。

490. 最长的断崖

澳大利亚维多利亚大沙漠以南，分布着广阔的纳勒博平原。"纳勒博"是无树的意思。这块干燥的平原，平坦地向南延伸，一直濒临到澳大利亚海湾，

以陡峭的断崖直插海中，断崖垂直高差 100 米，沿着海湾绵延 200 千米，这就是世界上最长的一条断崖。

491. 高峰最多的国家

南亚山国尼泊尔面积不超过 14.1 万平方千米，却汇集了世界上大部分海拔最高的峰峦。这个国家地处喜马拉雅山脉最为雄伟高峻的地方，境内海拔在 6 100 米以上的雪峰多达 240 余座。海拔在 7 620 米以上的雪峰有 50 余座。更惊人的是，世界上名列前茅的 10 座超过 8 000 米的高峰，就有 8 座耸立在尼泊尔或尼泊尔与中国、锡金接壤的边界线上，它们是世界之巅——珠穆朗玛峰（8 848.13 米），第三峰干城章嘉（8 586 米），第四峰洛子（8 516 米），第五峰马卡鲁峰（8 463 米），第六峰卓奥友（8 201 米），第七峰道拉吉里（8 172 米），第八峰马纳斯卢（8 163 米），第十峰安纳布尔纳（8 091 米）。

492. 最小的岛国

瑙鲁是太平洋密克罗尼西亚岛群中的一个珊瑚岛，位于赤道以南 53 千米，面积只有 22 平方千米，是世界上最小的岛国。

493. 最大的群岛

在亚洲大陆和大洋洲之间，有一大片星罗棋布的岛屿，其数目在 20 000 个以上，总面积达 248 万平方千米，这就是我国人民熟知的南沙群岛（又称马来群岛）。在世界上所有的群岛中，无论是岛屿数目还是按其总面积来讲，南沙群岛都首屈一指。位于南沙群岛上的国家主要有印度尼西亚、菲律宾和马来西亚（部分），人口将近 2 亿。

494. 最大的洋流

在所有的洋流中，有一条规模十分巨大，堪称洋流中的"巨人"，这就是著名的墨西哥湾暖流，简称为湾流。其规模非常宏大，宽 60 ~ 80 千米，深700 米，总流量每秒达到 7 400 万到 9 300 万立方米，比世界第二大洋流——北太平洋上的黑潮要大 1 倍，比陆地上所有河流的总量要超出 80 倍。如果与我国的河流相比，它大约要相当于长江流量的 2 600 倍，黄河的 57 000 倍。

495. 最长的湖名

在美国马萨诸塞州伍斯特县南部与康涅狄格州的交界处，有一个长不过4.8 千米的小湖，它在地理上并无值得称道的特色，但是湖名却长得出奇，用英文表示共有 44 个字母：Chargoggagoggmanchaugagoggchaubunagungamaugg，音译成中文则有 19 个字：查尔戈格加戈格曼乔加戈格乔布纳根加莫格。在世界其他地区，并没有这么长的湖名。这个湖名是最早居住在这里的印第安人取的，按印第安语本意是："你在你那边捕鱼，我在我这边捕鱼，谁也不能在中间捕鱼"。

496. 名字最长的首都

著名的旅游胜地——曼谷，是泰国的首都。有趣的是，它还是世界上名字最长的首都。因为昭·披耶·却克里在 1782 年取得王位时，他就把首都从吞武里迁至湄南河东岸的曼谷，并给新首都起了一个很长的名字，用泰文表示共有 167 个字母，翻译为拉丁文要用 142 个字母。

那么长的首都名既不好写也不好念，所以泰国人就把它简称为"共台甫"。而外国人则称为"曼谷"，即为"天使之城"的意思。

497. 产椰子最多的国家

产椰子最多是菲律宾，那些高大的椰子树遍布于河畔、海滨，成了菲律宾热带风光的典型写照。椰子丰硕，摇曳多姿的椰子树，每年都会吸引各国的广大游客前来一睹它的秀丽。菲律宾因此而得到了"椰子之国"的美称。而且菲律宾也是个物产丰饶、风景秀丽的热带岛国。它有着碧波粼粼的内海，四周白烟缭绕的火山以及许多五彩缤纷的奇花异卉，给人印象最深的还是随处可见的椰子树。

498. 养羊最多的国家

澳大利亚是世界上养羊最多的国家。它的产毛量约占世界羊毛产量的1/3。

澳大利亚的羊有75%为美利牧羊。这种羊产毛多，毛细质软。一只美利牧羊可剪5 000多克羊毛。

499. 制井盐最早的国家

从文献记录来看，在盐井建设上我国是世界上最早的国家了。据《华阳国志·蜀志》记载，秦始皇时，四川临邛县（今邛崃县）"有火井，夜时光映山昭。民欲其火，先以家火投之，顷许如雷声，火焰出，通耀数十里……井有二水，取井火煮之，一斛水得五饱盐……"。这里的井火，即天然气之火；二水，即卤水。由此可见，2 200多年前我国劳动人民就已经利用天然气煮取井盐了。

500. 最大的火山爆发

大多数自然灾害都会造成不可弥补的灾难及损失，根据历史记载在公元

130 年，新西兰的陶波火山爆发，喷出的岩浆有 330 亿吨重，喷出速度为 644 千米/小时。大约有 16 005 平方千米的土地全部被夷为平地，是文献记载中火山爆发最厉害的一次。

501. 世界上最早的立体地图

我国宋代科学家沈括（1031 年—1095 年）绘制了一幅《使契丹图钞》，并创新地用木屑和蜡做了一套山川立体模型地图。这一创举比 18 世纪瑞士制造的地图模型早 600 多年。

502. 首次穿越大西洋的单人飞行

第一个单人飞越大西洋的人是美国明尼苏达州的查尔斯·林白，林白当时已是空军上尉（后来成为空军准将）。他在 1927 年 5 月 20 日格林尼治时间下午 12 时 52 分驾驶着装有 165 千瓦（220 马力）发动机的圣·路易精神号瑞安单翼飞机。从美国纽约长岛的罗斯福基地起飞，在次日晚上 10 时 21 分在法国巴黎布尔歇机场安全降落。全程 5 810 千米，历时 33 小时 29 分。

503. 第一个登上世界七大高峰的人

第一个登上各大洲最高峰的人是加拿大登山运动员帕特里克·莫罗，直到 1986 年 5 月 7 日，他登上最后一座高峰，成为真正征服世界七大高峰的第一人。

504. 第一艘载人登月飞船

1969 年 7 月 16 日，美国东海岸佛罗里达州卡纳维拉尔角的肯尼迪飞行中心的发射场上，一支高 110 米的巨型火箭在震耳欲聋的轰鸣声中起飞了。这

是世界上威力最强大的运载火箭——土星 5 号。火箭第一级有 5 台发动机，它们各有 692.8 吨推力。点火后，这个 3 200 吨的庞然大物便飞速飞向高空。由它和登月舱组成的阿波罗 11 号宇宙飞船把人类第一批登月者送上了月球。

505. 第一个行星探测器

人类发射了人造卫星以后不久，就开始了行星探测器的研究工作。太阳系内有 8 颗大行星，它们分别是金星、水星、地球、火星、木星、土星、天王星、海王星。探测的第一个目标，就是离地球最近的金星。经过屡次失败后，直到 1962 年 8 月 27 日，第一个金星探测器"水手 2 号"发射成功。12 月 14 日，"水手 2 号"在距金星 34 838 千米处飞过，完成了对金星远距离的考察，成为一颗人造卫星，永远环绕太阳飞行，每 345.9 天绕太阳一周。之后，人们又连续发射了多个金星探测器，其中有的已经进入了金星的大气层，有的已在金星上着陆。它们向地球返回了大量的重要资料，揭开了蒙在金星表面的神秘面纱，科学家由此取得了丰硕的研究成果。

506. 最大的珍珠

珍珠是美丽的装饰品。最大的珍珠是 1934 年 5 月 7 日在菲律宾巴拉湾的巨贝中发现的，这颗珍珠重达 6 350 克，半径 13.97 厘米，称为"老子之珠"，存放在旧金山银行保险库中，"老子之珠"自 1936 年起成为美国考古学家柯伯的财产。这样大的珍珠实属罕见，价值连城。

507. 最大的宝石

世界上最大的一颗宝石是名为"印度之星"的蓝宝石，300 年前采于锡兰岛。它比高尔夫球还要大，重达 563.35 克拉。19 世纪末，美国金融家摩根在巴黎的第十届博览会上花了 20 万美元，从私人收藏家手中买了一批宝石，其中就有"印度之星"。

508. 平均身高最高的民族

世界上平均身高最高的民族是中非卢旺达和布隆迪的图西人，这个民族年轻人的平均身高在 1.83 米以上。

509. 平均身高最矮的民族

刚果民主共和国（前扎伊尔）的姆布蒂人中，男性的平均身高为 1.37 米，而女性的平均身高为 1.35 米。姆布蒂人的孩子在青少年时期比其他的孩子要矮得多，因为他们分泌的类似胰岛素的生长因子极少。

510. 世界渔业产品出口最多的国家

加拿大的渔业发达，75％的渔业产品出口，为世界上最大的渔业产品出口国。渔场面积 50 余万平方千米，约有 10 万余人从事渔业生产，2.6 万人从事渔业加工。是真正渔业发达的国家。

511. 最早的电动火车

火车已是来往于各个城市之间重要的交通工具。柏林的工业博览会于 1879 年 5 月 31 日展出了世界上第一台由外部供电的电力机车和第一条窄轨电气化铁路。这台西门子机车重量只有 954 千克，车上装有 3 马力支流电动机。这台小机车没有驾驶座，操纵杆和刹车都装在靠前轮的地方，所以司机只能骑在车头上驾驶。

这台"不冒烟的"机车让当时的人们开了眼界。两年后，柏林郊外铺设了电气化轨道，电力机车正式进入运输的行列。

现在，这辆电力机车被慕尼黑德意志科技博物馆收藏。

512. 首次超音速飞行

人类首次超音速的飞行是在美国完成的。1947 年 10 月 14 日，年轻的美国空军上尉飞行员查尔斯·叶格尔，在加利福尼亚州的爱德华空军基地上空驾驶着一架 XS—1 型火箭飞机。当飞机到达 12 800 米高空时，叶格尔以 1.04 马赫的飞行速度成功地完成了人类第一次超音速飞行。

513. 最亮的灯塔

法国西北沿海"德·克雷阿克"灯塔是世界上最亮的灯塔，在浓雾中 30 海里以外船也一样能看到灯塔的光芒。

514. 最早的机动船

1802 年，英国人薛明敦采用瓦特改进的双重作用凝缩引擎，在苏格兰建成了世界上最早的机动船——"夏洛地·邓达斯"号船。该船使用蒸汽机带动蹼轮，从此摆脱依靠自然风或人力在水面上航行。

515. 最昂贵的银币

一枚古希腊时期在雅典铸造的银币，面值为 10 德拉马克。由于年代久远，收藏价值极高，在瑞士苏黎世市场被人以 27.2 万美元收藏，算是目前世界上最昂贵的银币。

516. 第一个发现癌病毒的人

癌症为人们所恐惧，因为迄今它还是非常难以治愈的疾病，弗朗西斯·佩顿·劳斯是世界上第一个发现癌病毒的人。他在 1911 年 1 月 21 日发表的一份报告称，癌肿瘤是病毒所致。这一说法在医学史上还是首次出现。

劳斯是纽约市洛克菲勒研究所的一名内科医生和病毒学家，毕业于马里兰州的霍普金斯大学。他在医科大学的表现非常优秀。在此之前，一位养鸡人送给劳斯一只发育奇特的鸡。他从这只鸡的癌性肿瘤中提取出传染物，然后注入几只健康鸡体内，于是癌症状传给了这几只健康鸡。既然这种传染物能穿透很薄的薄膜，看来它就是所有微生物中最小的病毒了。

517. 最早的女数学家

在公元 4 世纪，罗马帝国的统治日益衰败濒于崩溃边缘时，反动教会的禁锢使人们胆战心惊，一切得不到发展。当时只有极少数希腊人还竭其所能地保留着古希腊文明的遗产，女数学家和天文学家海帕西娅（约 370 年—415 年）便是其中杰出的代表。

518. 世界上最早的墨

笔墨纸砚之一的墨在我国已经有 2 000 多年的历史了。秦汉时的陕西千阳县和唐代的易州（今易县）都曾以产墨闻名，五代时安徽的徽州成了墨的集中产地。许多用徽墨绘写的字画，时过千年依然墨迹如新，光鲜如故。墨也是我国民族传统的工艺品之一，备受日本、东南亚各国学者的喜爱，曾经在 1926 年巴拿马国际博览会上获奖。

519. 最长的石窟画廊

敦煌石窟，是我国古代艺术的宝库，举世闻名。它由莫高窟（又叫千佛洞）、西千佛洞、榆林窟、小千佛洞四窟组成。其中莫高窟是最大的石窟，现有洞窟 492 个，壁画 45 000 余平方米，塑像 2 000 余尊，唐、宋窟檐木构建筑 5 座。如果把窟内所有的壁画连起来，足可以组成一个长达 25 千米的画廊，可以称得上是世界上最长、规模最大的画廊了。

在唐代，莫高窟艺术达到了顶峰时期。艺术匠师继承了前代绘画、雕塑的艺术真传，并吸收了外来艺术的精髓，创造出了独特风格的艺术特色。敦煌莫高窟不愧为中华民族艺术宝库中的一颗璀璨明珠。

520. 制造车辆最早的国家

我国在几千年前就能很好地利用原动力，发明了圆轮和齿轮，为制造车辆提供了非常好的机械力。

在文献记载中，有黄帝见风吹蓬转而造车的传说；从出土文物中也可以发现，夏商时期的陶器上就已有车轮的图案。

汉魏时期盛行的独轮车，是人类交通史上的一项重要发明。日本人在研究自行车的发展史时，认为我国孔子所发明的独轮车是自行车的雏形。

521. 世界城市之最

世界上最东又是最西的城市：南太平洋岛国斐济塔佛乌尼岛上的中心市镇怀耶沃正好坐落在子午线上，因此可谓是地球上既是最东又是最西的城市。

世界上最北的城市：挪威的特里姆瑟城。地处北纬 69 度 43 分，位于北极圈内，是世界上最北的城市。

世界上最南的城市：乌斯怀亚地处南纬 54 度 50 分，是世界上最南的城市。

最早能看见太阳升起的城市：南太平洋英属岛国图瓦卢首都富纳富提，位于东经 179 度 13 分，是世界上人们最早看见太阳升起的城市。

最后看见太阳落山的城市：南太平洋的汤加王国首都努库阿洛法，位于西经 175 度 12 分，是世界上人们最后看到日落的城市。